情報公開讃歌

知る権利ネットワーク関西30年史

知る権利ネットワーク関西（編）

花伝社

情報公開讃歌——知る権利ネットワーク関西30年史◆目次

はじめに

「情報公開讃歌」は、「知る権利ネットワーク関西」代表を務めた公認会計士故熊野実夫が『知る権利ネットワークＮＥＷＳ』（１９９８年8月26日）で発足10年を記念して寄稿した文章の表題である。熊野は、元祖「市民オンブズマン」の一人として、大阪府知事交際費の公開訴訟を最高裁まで闘った。この文章の中に「情報公開」の本質的な意義が凝縮されている。情報公開の主役は、政治家でも官僚でもマスコミでもなく、市民自身だということを。

政治報道は主に、首都東京で繰り広げられる官僚や政治家の発言をもとに構成されるが、多くは官僚などに加工された「二次情報」に基づいている。近年、「ファクト・チェック」報道が増えてきたが、発言と政府機関や研究機関が出す情報などとの整合性を調べる程度で、現地・現場に行ってまで検証するケースは多くない。マスコミが報道する国会や地方議会での論戦や首長の発言の裏には、膨大なバックデータがあるはずである。

例えば、２００８年当時、大阪府知事だった橋下徹は、府に「5兆円の借金」があり財政危機にあることを強調し、伝統芸能「文楽」への助成金のカット、国際児童文学館の廃止など教育文化への「粛清」の嵐を吹き荒せていた。しかし、橋下の派手な言動は報道されても「5兆円の借金」の中身に関する報道は皆無だった。

そこで、大阪府に筆者が公開請求してみると、「大阪府債一覧表平成18年度末残高」（5兆４８

12億円）という830枚の文書が開示された。個別の事業ごとの府債の発行残高や金利を集計してみると、政府系の資金の金利平均は2・3％、銀行系1・5％、公募債1・4％と政府系が高く、中でも政府系金融機関は平均3％で、公営企業金融公庫から府営水道改良事業への8・1％という高利の借金もあった。府営水道事業とは、大阪の市民オンブズマンが住民訴訟を提起し、府水道部幹部が「（国庫補助や起債許可を確保するため）ちょっと派手でないと効果がないという方」への「官官接待」を証言したいわくつきのものであった。

「現地・現場」が身近にあるのは一般市民である。例えば、「知る権利ネットワーク関西」の元事務局長の主婦野村孜子は、堺市倫理条例に基づく市議会議員の資産報告や政務活動費のウソを、法務局で登記簿を調べ、所有する不動産の実態を現地で観察して暴いた。

第1章の政治資金収支報告書のコピー裁判は、野村が厚い「権力の壁」に挑戦した記録である。第2章は、現事務局長で元高校教師の江菅洋一が、大阪府北部の丘陵地帯に建設される「安威川ダムの地下に地震で動く断層があるのではないか」と疑い、地質解析調査報告書を公開請求し、永い時間をかけて最高裁で勝訴した事例である。この勝訴により、調査報告書の類いは、事実や事実に準ずる情報（専門家の見解等）に該当し、「意思形成過程情報」を理由にした非公開は許されない。「事実は隠せない、隠させない」という方向性が確立されたと言える。

第3章の「守口・情報公開を学ぶ会」の橋本杉子が取り組んだ3つの裁判は、国や自治体が「非公開を約束した」「情報の存否はあきらかにできない」「公文書ではない」といった理由をこじつけて情報を隠すことを「甘受しない」市民の闘いである。

第4章は、派遣労働者の労働問題に取り組み、大阪労働局が行った労働者派遣事業に対する是正指導や指導監督の記録などを2009年（2007年度分）と2012年（2011年度分）の2回の開示請求をした有田具弘の体験記録である。この2件に関し、国の情報公開審査会の答申は、厚労省側の不誠実さを批判している。1回目の答申（2012年6月）は、「審査請求から諮問まで約1年4か月が経過しており、簡易迅速な手続きとは言い難い」。2回目の答申（2015年8月7日）も、「諮問から1年以上経過してもインカメラ文書が提示されない（当該情報を審査会にも見せない）状況が続き、審議に多大な支障を生じさせた」、さらに「新処分を行った事実について何らの連絡も通知もせず、諮問庁（厚労省）の対応は極めて不誠実」と非難した。「新処分」とは、情報公開訴訟の審理中に、原処分を突然取り消し、わずかに開示範囲を広げた「新処分」をするという極めて姑息なものであった。

情報を隠せば混乱が生じる。厚生労働省の旧労働省系は一貫して情報公開に消極的であるが、2018年2月、働き方改革法案の柱の一つだった裁量労働制に関する調査データに重大なミスがみつかり、政府は法案の一部を取り下げざるを得なかった。ずさんな調査であっても問題を隠し通せると考えていたフシがある。2017年12月、東京労働局長が記者会見で、社員が過労死した野村不動産が、裁量労働制を違法に適用した事実により矛盾を生じさせた。外からの監視を拒み、秘密のベールに包まれた組織は緊張感を失い、進歩のない内向きの論理に支配された末、混乱を招いた典型的な事象である。

「知る権利ネットワーク関西」は大阪を中心に関西各地で「情報公開」や「個人情報保護」とい

うテーマに取り組む団体のメンバーや個人が参加する市民グループである。毎月1回運営委員会を開いて情報を交換し、共通の課題に向かって協力し合ってきた。

本書は、その会員及び繋がりの深い関係者が、毎月発行の『知る権利ネットワークNEWS』(以下『NEWS』に略)や、東京のNPO法人情報公開クリアリングハウス発行の『情報公開DIGEST』(以下『DIGEST』に略)に執筆したものの再録や、30周年を記念して新たに書いたもので構成されている。「情報公開」の機能は、情報の質と量を増やして、構造的な問題を分析し、より進化した解決策を見出しやすくすることである。さらに、政治や行政のプロセスを透明化し検証可能な「適正手続き」を確立し、不合理な行政運営に市民や誠実な公務員が巻き込まれることをなくすことである。『情報公開讃歌』は、情報公開市民活動における自らの体験を語り、そこから得られた意見や考えを述べたものである(以上敬称略)。

花伝社は、数多くの情報公開関係の出版に取り組まれ、「知る権利ネットワーク関西」とその会員も計3度著作を刊行しています。今回も、出版の申し出に快く応じていただき、若き編集者の大澤茉実さんと社長の平田勝さんに大いにお世話になりました。ここで感謝の言葉を贈ります。なお、本書は故笹山ナオミ情報公開奨励基金の助成を受けました。同基金は、市民運動団体が固定経費を必要としない活動の拠点となる不動産の購入まで寄付や遺贈を募っています(寄付や遺贈に伴う遺言書作成に関する連絡先は三宅弘弁護士 miyake@hap.law.com です)。

2018年11月　神野武美

序章

第1節　情報公開讃歌

熊野実夫（元「知る権利ネットワーク関西」代表）

1　ネットワークを支える人々

とかくしりすぼみになりがちな市民運動とは異なり、「知る権利ネットワーク関西」は発足以来10年間、20人近くの会員が参加する運営委員会を毎月もち、貴重な情報を盛ったニュースを毎月発行し続けている。単に続けているというだけではなく「知る権利ネットワーク関西」は我が国の情報公開をリードしてきたといっても、自画自賛のそしりを受けることは決してなかろう。

発足当時は情報公開に関する判例はほとんど無かったが、現在では、地方裁判所はもとより高等裁判所、最高裁判所まで情報公開を命じる判例は枚挙にいとまがないほどになった。これらの裁判には会員が原告として参加したものが多い。また、「公文書公開請求体験ツアー」というユニークな運動を展開することによって、市民の間に情報公開を定着させるとともに行政機関の職員の情報公開についての意識を向上させた。

さらに、国の情報公開法の制定に向けた提言、公文書公開条例の改善についての要望など、重要な、また実り多い仕事をしてきた。実践的にも理論的にも水準の高いこうした活動をなしえてきたのは、大きな包容力をもって会をまとめ、リードされている岡本事務局長、議論の組み立てや整理、また、ニュースの編集・発送のほか、事務局的な役割を果たしてきて下さる方々、さまざまな行事を取材して報道して下さる記者の方々、それから、何にもまして、新しい問題を持ち寄って、運営委員会、合宿、ツアーなどの行事に積極的に参加される会員の努力に負うところが多い。逆に、ネットワークの活動の拡大は、情報公開が「市民」にとっていかに重要なことであるかを示すといえよう。

2　庶民から市民へ

庶民とは、専ら自分の目先の利益を中心にものを考え、権力者に庇《ひ》護を求める人達である。こうした人達は大阪弁でいう「えらいさん」のいうことを盲信しがちないわゆる「耳型人間」である。それに対し市民は、自分と市民同士の連帯の力を信じ、自分の目で確かめた情報によって物事を判断・決定しようとする「眼型人間」である。また、市民は公的な物事に関心をもつことができる人々である。そして、市民は自己の精神的存在に重きをおく人々である。

民主主義は、そうした市民によって形成され、そうした市民なくしては民主主義はありえない。自分の身辺に生じた私事に関わる問題を解決するために、情報を求め、ネットワークに参加された人々が、運動を通じて「眼型人間」に、市民へと成長されていった。この点でネットワークが果たした役割は大きい。

3　縦型社会から横型社会へ

情報公開の整備状況を調査するために中央官庁の出先機関にツアーをした時の状況を思い出すと苦笑する。行政官の世界は徹底した「縦型社会」である。行政官は官庁に来る人は政府機関になにかをしてもらうことを頼みにくる人に限られるといった固定観念をもっている。市民は頼む人、行政官は頼まれる人という図式である。ここに上下の関係が生まれる。そのように観念されているただの市民が、行政機関を調査に来たというのであるから、行政官にとって驚天動地のことであったに違いない。

国の出先機関を訪れ情報公開を求める熊野実夫氏（中央）

情報公開は官民の間にみられる上下関係の図式を破壊するものである。現在、わが国を覆っている病の根は、「頼む人」が無限に卑屈になる一方、「頼まれる人」の権限が無限に大きくなっていることにある。その病根をとり除く力をもっているのが情報公開である。

4　法律をエンフォースさせる

しかし情報は自発的に公開されるものではない。自発的に公開される情報は、「府政だより」などが示すように宣伝であり、世論操作を目的とする。いやがる自治体の抵抗を排して、裁判にまで訴えて情報の公開を求める市民があってこそ、有用な情報が公開されるようになったのである。そうした市民の努力がなければ、「公文書公開条例」は、文字どおり「飾り物」に終わっただろう。

法律などを強制的に執行することを英語でエンフォースという。このエンフォースに該当する日本語はない。言葉がないということは言葉があらわす「考え方」がないということを意味する。法律はエンフォースすべきものであるという考え方がないことは、最近の銀行・証券をめぐる事件が如実に示している。もし、銀行や証券会社の検査や証券会社の検査や監査が法律の定めるところにしたがって、的確になされ、事実が早期に公開されていれば、今日のような社会不安は生じていなかった。

法律は飾り物ではなく、使われるために存在する。したがって、法律は、使用を奨励するように立法され解釈される必要がある。現在、国の情報公開法を巡って裁判の管轄権、公開費用が問題となっているが、その問題はこの見地から検討されなければならない。この観点を欠く立法はすべて「まやかし」である。

5 情報が社会を動かす

情報をもつ市民は社会を動かす。たとえば、市民は不正に支出された公金を自治体の金庫に戻させた。その額は、全国で３００億円を超える。それだけの金額の金《カネ》を自治体に戻させた市民がもっていたのは、情報公開請求権という権利にすぎない。その権限の小ささにもかかわらず、監査委員の成し得なかったことを市民が成し遂げた。

人々の喜びのなかで、もっとも大きいのは、自分の力が社会を動かしたと実感する時であろう。それは最高の自己表現であり、それは人間存在の根幹にかかわる。よく言われる「参加」は人々にこの喜びを味あわせることを目的とするものである。

何年かに一度の投票という受動的参加から自発的参加へ。情報公開はこの参加の第一歩である。自発的参加が実現される「世」であってこそ、万葉の歌人が謳《うた》った「われ生ける験《しるし》あり」ということができるのだ。

（『ＮＥＷＳ』「知る権利ネットワーク関西10年と私」１９９８年８月26日号）

第２節　全国初の情報公開請求ツアー

岡本隆吉（初代事務局長）

１　会結成の経過

情報公開請求の全国的な市民グループ「情報公開法を求める市民運動」が発足したのは１９８

0年だった。それから遅れること8年、1988年9月10日(土)、「知る権利ネットワーク関西」は結成総会を開いて活動をスタートした。主に、大阪府をはじめ、府下の各自治体で施行された情報公開条例を多面的に利用し、情報公開を活用する利点を最大限宣伝して、利用者を増やし、運用面の改革を進めていく事を目指していた。最終的には国の情報公開法制定を促進する事に大きな目的があった。この時期、全国の自治体が情報公開条例の制定を始めたことに合わせて、各地に市民グループが生まれていた。

実は会が結成される以前、大阪府下で情報公開条例を活用しても大事な情報の公開が進まない為に行政に不満を持っている団体が沢山あった。その人達に呼び掛けて集会を開き、何が問題なのか共有して行動しようとした集会を開いた。多くの人が集まった。各地で団体を作り運動を進めている大ベテラン達が集結した。参加者のほとんどは大阪府の情報公開条例や、国を含めた行政の情報公開が進んでいない事について不満だった。上手くまとめられない消化不良の集会であった。どうするか頭が痛かった。方向性が見えない、どんな運動をすれば効率よく情報公開を進める活動ができるか。疲れ切って喫茶店に入った。そこで、運動体のネットワークをどう作るかという話をしていた時に、提案されたのが「知る権利ネットワーク」だった。そして、情報公開を前向きに取り組み、こんな情報も開示できるといった、良い面や活用できることを宣伝する運動を作ることが必要ではないかという議論となった。その時、朝日新聞の中島昭夫記者から提案されたのが体験ツアーだった。こうした議論の結果が会結成と、今でもトレードマークとなっている「情報公開請求体験ツアー」だった。記憶では「もっと運動は楽しくやろう」、「情報公開請求が誰でもできるようにしよう」、「いろんな自治体に押しかけていこう」等で話は一転して盛り上がった。そして、役員の分担をどうするかという話になった時、何故か私に責任が回ってきて事務局長をやることになった。

2　全国初めての「情報公開請求体験ツアー」

会結成と同時に提案して1週間後初の「情報公開請求体験ツアー」に取り組んだ。参加者それぞれがテーブルに分かれて請求を始めた。28件（前年1年分の倍以上）のうち7件はその場で公開されたが、残りは後日の判断となった。この日は約15人が参加して医療問題をはじめ幅広い分野での開示請求となった。おおよその請求項目について事前に連絡していたので役所側も意外とスムーズな対応となった。

10月1日には大阪市へ「情報公開体験ツアー」を行った。大阪市は情報公開条例を7月1日に施行したばかりであった。そこでこの日は開示請求も必要だが運用についての改善項目をあらかじめまとめて改善を要求した。

例えば開示請求書に開示の目的欄が記載されているため削除する事や、受付窓口場所が市役所から離れた公文書館にあり、市民になじまないので市役所本庁内に窓口を設置する事とか、コピー代を10円にする、印鑑は必要ない等を求めた。時間はかかったが要求項目全部がその後、改善された。

吹田市役所への体験ツアーでは、受付窓口の職員が一人配置されていただけだったが、ツアー

役所の公開度をチェック

大阪府庁の窓口で市民団体

横断幕を先頭に、公開窓口に向かう市民ら＝17日午前10時、大阪府庁で

要求28件中９件が預かりに

自治体に情報公開を迫る市民組織「知る権利ネットワーク関西」（岡本隆吉事務局長）の呼びかけで、身近な問題で資料の公開を一斉に求め役所の公開度をチェックする試みが十七日、大阪府庁の窓口であった。題して「情報公開請求体験ツアー」。公害、医療問題、府議への公金支出など二十八件の公開要求に対し、七件はすぐ公開され、昨年一年間分（五件）の倍を超す十二件が受け付けられたが、「公文書が特定できない」などの理由で九件が預かりに。ツアー参加者たちから「市民にわかりやすく公文書を整理してほしい」と注文がついた。

ツアーに参加したのは、「よみがえれ神崎川市民の会」、「北大阪公害病医療友の会」、「関西医療問題連絡会議」のメンバーなど十五人。窓口の府民情報室も八人の職員を動員、請求内容に応じ担当部課の職員をすぐに呼び出すなど協力的だった。

大気汚染による健康への影響調査など七件は、その場で資料提供され、インフルエンザ、医療監視などについての十二件は十五日後までに公開・非公開が決定されることになった。しかし、学校給食については「検討委報告の裏付けとなるデータを示せ」という要求に、応対した府教委の職員は「公文書になっているかどうか、すぐにわかりません」。結局、九件が「預かり」や「再検討」になった。

「ネットワーク」の岡本事務局長は「七件をすぐに公開したのは評価できる。でも、事業に必要な起案から途中の検討、決定までの行政手続きの流れを示す公文書を求めると、担当課の職員でさえ、あるかどうかわからないという様子だ。市民は行政当局の決定が正しいかどうか、段階を踏んで確かめられない」と注文をつけた。

初めての「情報公開請求体験ツアー」を伝える朝日新聞
（1988年９月17日朝刊）

後に開示請求者が増えたことで、急遽職員配置を一人増やす喜ばしい体制となった。この後も大阪府や大阪市のみならず府下の自治体の多くに「開示請求体験ツアー」を計画して運用のチェックや市民の利便性確保を図ってきた。

「情報公開請求体験ツアー」は単に必要な資料の開示請求をするという事務的なことだけではなく、多くの効果を得ることが出来た。それ等をまとめるとおおむね下記の点である。

①運用している体制や利用者からみた利便性などの改善指摘をして、より使いやすい制度にしていく事が出来た。
②開示請求を体験した所管の職員は、情報公開の必要性が理解され対応が身につくが、開示請求を受けた経験のない所管の職員は皆目情報公開制度が身についていないことが分かった。その為、幅広い開示請求が必要で、その都度所管の対応と意識改革が出来た。
③運動を主体とするのではなく市民生活に直結した課題の情報公開請求をして、開示された時は記者会見で成果を公表する事で情報公開の利点を宣伝することが出来た。
④情報公開で開示された資料を基に、地域のゴルフ場建設計画を進められないようにして計画を断念させることが出来た。
⑤１９９１年には『それいけ情報公開』（せせらぎ出版）を共同執筆で出版して、桃山学院大学で総合講座「情報公開と環境問題」を当会会員中心の講師陣で2年間開き、学生に情報公開の重要性を多方面から教えた。

1999年7月、東京で開かれた情報公開法制定記念パーティの壇上に立つ岡本隆吉事務局長（中央）ら関西からのメンバー

⑥情報公開法実現を目指して、東京の官庁や大阪にある中央官庁の出先機関にも「情報公開体験ツアー」を取り組み、国会での情報公開法制定に影響を及ぼした。

3　情報公開法が制定されるまで

情報公開法の検討は、行革委員会行政情報公開部会が１９９５年３月に発足し、実質審議が始まった。東京では30団体等から意見が聴取された。「知る権利ネットワーク関西」は95年10月17日に同部会に提出した「情報公開法制定への意見」でも、「地方に住む市民の利用のし易さ」を求めるとともに「東京以外の市民グループの意見、自治体を中心に情報公開に関わってきた私達市民グループの意見を聴くべきである」と訴えてきた。

とくに懸念したのは、部会委員の発言（公開された議事録から）に「特定の個人が識別される情報」という不開示要件を広くとらえようとするものがあったことである。また、「消費者保護のための法体系の中で処理されるのが本筋」として、情報公開制度の対象分野を限定し、特定分野を情報公開法から切り離そうとする動きもあった。

１９９６年１月12日に同部会が発表した「情報公開法についての検討方針」では、個人情報の不開示要件を「個人識別可能情報」を原則とし「例外的に開示する場合を具体的に検討する」というものだった。このままでは、個人情報に該当する情報が多い、薬害など医療分野と体罰・いじめといった教育分野の情報は、情報公開法から除外されることになりかねない。

我々の意見をぜひ、部会委員に直接届けなければならないと思い、そこで当時、総務庁で中心的に動いていた担当官に、大阪でも意見聴取を実施するよう要請した。特に医療と教育関係を法の対象とするために、市民活動団体に集ってもらうと話すと、担当官も「それなら」と、地方の実情調査の形で、部会委員が参加する意見聴取会の実施を約束した。

こうして96年7月18日に実現した大阪でのヒアリングでは、午後の半日を各市民団体に時間を配分し主張点の分担もして意見を述べた。参加した担当官たちからは、午前午後を通じて危惧していた問題点を解消したというような感想をもらった。その後、示された情報公開法案には分野別の除外対象は設定されず、医療・教育分野も例外とならなかったことに安堵した。

情報公開法が98年4月28日に国会に提案され、99年5月14日に制定されるまでは、何回か上京して、ロビー活動や議員会館で集会し、日本弁護士連合会の集会・シンポにも参加して重要な修正ポイント「意思形成過程の対象・手数料問題・裁判管轄問題」等を求めて活動した。法制定直後の9月から私は国会議員秘書として単身上京した為、「知る権利ネットワーク関西」の事務局長を交代してもらった。

以来、「知る権利ネットワーク」の活動にはあまり参加できない状態にいる。私は現在、個人情報保護法の適正運用を求める活動を主に行っている。個人情報保護法は、情報公開法と車の両輪に例えられる極めて重要な法律だが、取り組みが手薄なままである。医療被害に遭った人が未だに診療記録の本人開示すらできない状況を一刻も早く解消する必要があり取り組まざるを得ないからだ。しかし、昨今の森友・加計問題や、自衛隊の情報隠し・改ざん等、情報公開制度は後退し骨抜きにされつつある。新たな決意で、頑張りたいと考えている。

第3節　「知る権利ネットワーク関西」30周年に寄せて

三木由希子（情報公開クリアリングハウス理事長）

情報公開法は間もなく制定から20年を迎えます。公文書管理法は同じ年に制定から10年となります。それ以前から、関西を中心に国の問題、自治体の問題に情報公開制度を武器に果敢に取り組んでこられ、安威川ダム情報公開訴訟では画期的な最高裁判決を勝ち取るなど、多くの成果もあげられたことは、継続した活動のたまものと思います。

情報公開制度があること自体は社会に定着した今、制度があるがための問題に直面しています。長い経緯を見れば、日本の情報公開や公文書管理は確実に前進していることは確かです。一方、制度があることがもたらす効果を、前向きなものにするには多くの努力が必要であることもまた、制度ができて運用されてくる中で直面している問題です。

さまざまな問題がある一方で、政府や自治体という存在はなくならないという当たり前の前提に立った時、政府や自治体が変わることを待つだけでなく、市民のための政府や自治体を実現するために、市民社会が情報公開を武器に変化を促していくことが、情報公開制度の制定運動が始まった40年近く前に期待されていたことです。そのためには、政府や自治体、司法、市民社会とそれぞれが適切に変化していくこと必要ですが、その変化がまだまだ途上であるということを、最近のさまざまな問題は物語っていると考えています。

また、制度が一定定着してくると、非公開決定等の答申・判例の蓄積が進むことで、政府や自治体にとってはある意味「安定した運用」状態になってきます。言い換えれば、新しい解釈判断を含むような答申や判例が減少し、非公開の範囲が過去の判断例から固定化してきているということです。それが「安定」となっていることは、国や自治体の職員と話をしていて、特に実感するところです。

この限界をどう乗り越えるかを考えるとき、単純な制度論を論じているだけでは政治的にそのメッセージが届かないのは、今にはじまったことではありません。情報公開制度をどう戦略的に活用して、新しい判断や新しい動きにつながる揺さぶりを作るか、政策・制度論としてどのような仕組みを入れることで、何にインパクトを与えたいのかなど、ある程度の戦略性が市民社会にも要求されるようになってきていると考えています。

政府や自治体はなくならない以上、前向きに市民のために仕事をし、責任を果たす組織に変えていくのは、出口のない永遠の課題です。情報公開制度や公文書管理制度は、そうした組織に変えていくための地ならしをするための制度でもあり、市民の基本的な権利を保障するために不可欠な制度です。それが運営される中で、制度そのものの不全感が漂う今、改めて制度を前向きに見直す議論が必要です。そのためには、制度を使ってきた人たちの発信が重要になってきます。「知る権利ネットワーク関西」が、その中でひときわ存在感を示すものと思います。30周年が、この先の30年につながることを大いに期待しています。

第４節　情報公開の実践とその先にある課題
――「知る権利ネットワーク関西」の活動にかかわって得た教訓

小林直樹（姫路獨協大学人間社会学群准教授）

私たちが主権者であるためには、情報公開制度を通じて公権力（国会・内閣・裁判所・自治体）が保有する情報にアクセスし、何を考えているかということに目を光らせねばならない。それは、次の金句から明解である。英国の歴史家ジョン・アクトンの「権力は腐敗する、絶対的権力は絶対に腐敗する」、米国第4代大統領ジェームズ・マディソンの「人民が情報をもたず、情報を入手する手段を持たないような人民の政府というのは、喜劇への序章か悲劇への序章か、あるいは双方への序章にすぎない。そして自らの支配者であらんとする人民は、知識が与える力でもって自らを武装しなければならない」である。

行政機関や自治体等が保有する情報を原則公開とする情報公開制度が整備され、積極的に活用して公文書の入手が可能となったが、例外的に不開示事由に該当するならば、全部不開示ないし一部不開示の処分が下される。一般的に、不開示情報が存在することは否定しえない。しかし、留意すべき点は、制度の運用次第では公権力に都合のよい情報・ストーリーのみが開示請求者の元に届くことも起こり得るということである。それゆえ、開示請求者の求める核心的な情報が開示されない場合には、処分の取消訴訟が提起され得るのである。裁判所を通じて情報公開制度の運用の在り方または公権力の在り方を是正する（知る権利の保障や説明責任を確実なものとする）ことが、民主主義社会を維持する要諦であろう。

しかし、私たちは、アクトンやマディソンの金句から、公権力の一翼を担う司法の役割にも目を向ける必要がある。もっとも、今日の諸国の憲法では司法権の独立が保障され、日本国憲法76条3項は「すべて裁判官は、その良心に従ひ独立してその職権を行ひ、この憲法及び法律にのみ拘束される」と定める。とはいえ、裁判官が情報公開法や情報公開条例の立法趣旨・立法者意思から乖離した判断を下すこともあり得ることから（例えば、大阪府知事交際費訴訟第2次上告審判決〈最判平13・3・27〉の「独立一体説」）、情報公開制度の趣旨・目的に裁判官がいかなる理解を示したか、判決を通じて（判決文を吟味し）チェックしなければならない。実際、「ネットワーク関西」で報告された情報公開訴訟を見ると、情報公開制度の目的・趣旨に十分な理解を示した〝当たり判決〟もあれば、反対に、あたかも行政と一体化したような残念な〝はずれ判決〟も見受けられた。情報公開訴訟における司法の役割、裁判官の判断傾向に目を向けることも、情報公開制度を活用する際の課題であろう。

第1章　コピー裁判

第1節　政治資金収支報告書のコピーを獲得する闘い

野村孜子（コピー裁判元原告・元「知る権利ネットワーク関西」事務局長）

1989年5月の当時、私は堺市在住の51歳の主婦でした。堺市には1983年2月、全国で初めて市議と市長の資産報告を義務付けた倫理条例が制定されています。前年1年間の収入と資産を公表するのですが、1988年度は市議選があったので選挙の寄付が「贈与」欄に記入されます。資産報告書をチェックするために色々な資料が必要なのですが、その一つに市選管に提出された選挙運動費用収支報告書が必要になります。政治倫理確立のため、政治家の金の流れを明らかにしようとした私は、2つの問題にぶつかりました。

一つは、収支報告書の問題。もう一つは収支報告書の閲覧申請用紙の問題です。できるだけ情報を出したくない行政側と一主婦のやりとりはコメディさながらでした。

1　最初は「選挙運動費用収支報告書のコピーはダメ」

まずは、1989年2月ごろの堺市選管とのやりとりの場面を再現してみましょう（『知る権利ネットワーク関西通信関西版』1989年5月20日、3・4号）（＊は市選管職員の発言）。

「閲覧要綱を作られたと聞いたのですけど、見せてもらえます？」

職員はちょっと変な顔をしましたが、見せてくれた要綱には「閲覧の方法・読み取り書き取りに限る」。

「コピーはダメなんですかあ？」

＊「そうです」

「前回はよかったのに今回はなんでダメなんですかあ？」

＊「寄付者の住所・氏名が書いてあるので、もしばらまかれたら寄付者から文句が来ることも考えられプライバシーが問題になると思いまして」「市民が書き取られるのは自由ですが、コピーとなると行政が資料提供したことになりますから」

選管のエライさんは怖い顔をして答えました。

新聞記事（『朝日新聞』1988年8月25日堺版）によると、1983年4月の市議選後に開かれた堺市政治倫理審査会（市議や市長が提出した資産報告書を公募の市民委員7人と議会の代表6人が公開の場で審査する）では、市民委員が求めた選挙運動費用収支報告書の提出を議会側が拒んだ。堺市選管は1987年10月に収支報告書の「閲覧事務処理要綱」を定めて「コピー禁止」としていた。

そこで私は大阪府選管にも府議選の収支報告書のコピーを求めました。それも最初は拒否でした。でも、大阪府公文書公開等条例に基づいて、堺市選挙区から立候補した13人の収支報告書を公開請求すると、コピー可でした。府選管の見解は「公選法上は特別規定がないからコピーはできないが、情報公開条例は公開が原則なのでコピー代を負担すればコピーは提供できる」というものです（『朝日新聞』1988年9月2日夕刊）。

堺市選管に「選挙運動費用収支報告書のコピーください」と言って断られる

それでも堺市選管は「堺市には情報公開条例が無い」を理由にコピーは認めません。1988年9月には、事務処理要綱を改正して「障害者には朗読等（コピーは除く）」という一文を加えたのです。数字ばかりを読み聞かせられてそれを理解できる人なんてそう多くはいないでしょう。

再び堺市選管を訪れ、「収支報告書を見せてください。全部書き取りしますから」と申し出ました。すると、「閲覧申込書兼誓約書」を記入せよ、です。「閲覧の目的」と「目的以外に使用しない」を誓約するものです。1回目は誓約書を書いてしまいましたが、2回目は「あとで書くから」と、結局、誓約書は二重線で消し、「目的欄」には×と記入しました。そもそも

堺市選管の職員が自宅にやって来て「誓約書」を書いてくれ

閲覧や書き取りができるものを「誓ってみるモンではない」ですよね。

その3日後、市選管から職員2人が私の自宅にやってきました（＊は市選管職員の発言）。

＊「先日書いてもらった申請書を後でみてビックリしました。これでは上に出せません。私が居たら説明したのですが」

「私はたぶん納得せんかったと思うけど」

＊「納得されるまで説明します」

「納得せんかったら見せへんかった？」

＊「いや～またまた、私と野村さんの仲やないですか……」

「まさか～」

これではいかんと、後日、「要請書」を選管に提出しました。

その結果、堺市選管は1989年3月1日付で、閲覧申請書の「目的欄」と「誓約書」を廃止しました。府選管への情報公開請求で、収支報告書に関する1947年の「単に閲覧の手続きにとどめ、いやしくも閲覧の制限を加えないように」という内務次官通達が見つかり、「野村さんのご指摘ごもっとも」となった次第。それでもコピーは認めません（『朝日新聞』1989年3

月2日大阪版)。公文書公開条例施行の1991年7月まで待たされました。

2 自治省から「コピーは違法」の事務連絡

「情報公開請求体験ツアー」は、市民が連れ立って自治体や国の機関に行って公開請求をするなどの「知る権利」を行使するものです。「知る権利ネットワーク関西」はその草分けとして今日まで各地で実施しています。その3回目が1989年6月16日に大阪府庁エコーセンターでありました。参加した私は、選挙運動費用収支報告書がダメなら、政治資金収支報告書のコピーを取ろうと、堺市議の関係8団体分を公開請求しました。

私は「選挙資金のコピーは公開されたんだから、この分も公開できますよね」と、府選管のM主幹に尋ねました(*は府選管側の発言)。ところが

*「実は、こういうモノがありましてね」と見せてくれたのが、2つの文書でした。一つは「自治省事務連絡・政治資金規正法関係質疑集」の「問……写しを交付すること。答……できないと解する」。もう一つは、自治省政治資金課の小太刀俊雄・調査第一係長の「閲覧とは、一般に図書や書類を調べ読むこととされており。コピー等の交付は閲覧には含まれないと解されている。従って自分でメモをとるのは差し支えないが、複写機によりコピーしたり写しを求めたりすることは認められない」というものでした。

そこで私は、

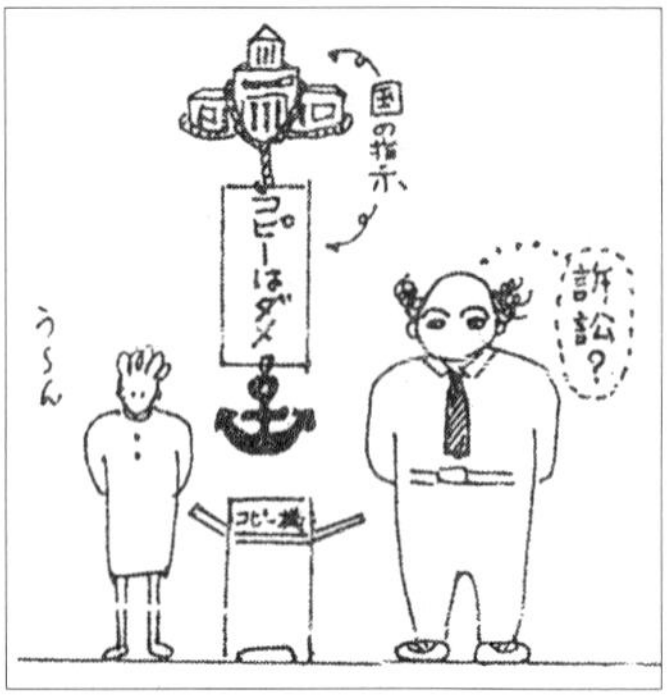

「訴訟するの？」と心配顔の大阪府の情報公開担当者

「出来ないと解するというのは『たぶんできないと思うよ』という意味で一つの解釈じゃないの？」と質問すると、

＊「これは機関委任事務ですから、我々の判断で決めるというわけにはいかんのです。自治省と一応相談してみます」とのことでした。

結果は、7月3日付で非公開決定。その理由は、条例9条第3号の機関委任事務における「主務大臣等の明示の指示」があるからということでした。府選管主幹のMさんに事情を聴くと、

＊「実は自治省まで行って、いや意見を聴きに行ったんではなく、『出すぞ！　文句言わんといてや！』と言いに行ったんです。ところがですね。自治省は『コピー出したら違法やぞ』と言うんです。『ペンのようなコピー機（ハンディコピー機など）ではどうですねん』と聞いても「ダメや」ということなんです」

「手間をかければ字体は違うけどコピーと同じ形式のモノができるんじゃないの？」

＊「まさにその通り」

「公文書公開審査会だってOKするんじゃないかな」

＊「そこが問題ですねん。我々は審査会が出せといっても出せんのですよ」

大阪地裁の第6回口頭弁論（1991年2月）でも、証人となったM主幹はこうしたやり取り

があったことを証言しています。

3 「マスコミにコピーを出しているでしょう?」

1989年7月23日には、参院選の開票速報番組に東京のテレビ局があごあし付きで私を呼んでくれました。ラッキー! 自治省に直談判にいけるぞと思い、翌24日に寝不足のまま自治省政治資金課を訪ねました。以前この件について電話でやりとりしていた「Xさんにお会いしたい」と言うと、窓際に座っておられました。

テレビの参院選開票速報番組に出演した帰り、自治省政治資金課にXさんを訪ねる。「収支報告書のコピーをマスコミにさせているでしょう」に「一切出していません」

「政治資金のコピーは違法やと言われたと聞きましたが、その辺のご意見を伺いたい」

*「その通りです。法律には、コピーに関して何一つ書かれていないのですから、当然コピーをしたら違法ですよ」などとのやり取りの後、

「ところで、新聞社等のマスコミにはコピーを出しているでしょう?」というと、一瞬ギクっとした表情をされました。

*「いや一切出していません」

「公開当日に全社一斉に詳しい記事が載せられるのは書取では不可能でしょう」

＊「じゃあ、あなたはマスコミにコピーが出ているという事実をご存知なんですか？」本当は、実際コピーした記者がいることを知っていたのですが、迷惑がかかると思い、「知りませんけどね」と答えると、

Xさんはホッとした顔になって、

＊「いやー、記者さんたちは大変ですよ。皆必死に写して帰られますよ」

（『知る権利ネットワーク通信関西版』１９９０年3月15日、６号）

4　審査会は「出せと言われても出せん」と説得された？

私の異議申立てを審議した公文書公開審査会の１９８９年11月28日の答申も「コピー不可」でしたが、内容はコピーを認めないことを厳しく批判するものでした。

「ところで、国民に政治資金の実態を広く公開し、『ガラス張りの政治』を実現するとともに政治資金を『国民の不断の監視と批判』の下に置くという規正法の目的・基本理念に照らし、なぜ収支報告書の写しの交付が許されないのかについては非常に疑問のあるところである。とりわけ、収支報告書が、すでに実施機関によって閲覧に供され、その主要な部分が大阪府公報に登載されていること、必要に応じてメモを取ることが事実上認められていることからもなおさら理解に苦しむところである。また、現代の高度情報化社会の中で、複写機、ハンディコピー機等の普及・利用はもはや常識である。これらの使用を認めず、メモをとることのみを認めるという姿勢は、社会の動きにそぐわないものが感じられる。ひいては、国民の国政参加の道を狭めることにもな

りかねない。当審査会においては、『自治省事務連絡』の性質、機関委任事務の内容、行政執行上の実態等を総合的に勘案し、条例の解釈上、『自治省事務連絡』は第9条3号の『明示の指示』に該当するとの結論に至ったが、審議の過程において、本件事務の取り扱いについて上記の疑義が生じたことから、あえてここに明記することとした。今後、弾力的で適切な運用を望むところである」

審査会は「コピーを出せ」と答申しても、「出せない」と説得されたのでしょうか?

5 「政治資金報告書のコピーを求める裁判を応援する会」結成

こうなったら裁判を起こすしかありません。丹羽雅雄、大川一夫という2人の弁護士さんに原告代理人をお願いして1990年1月、大阪地裁に非公開処分の取り消しを求める行政訴訟を起こしました。3月には、「知る権利ネットワーク関西」を中心とする人たちが「政治資金報告書のコピーを求める裁判を応援する会」を結成しました。

最初の取り組みは1990年4月7日、東京霞が関政府合同庁舎2号館にある自治省政治資金課への「政治資金収支報告書閲覧ツアー」でした。私を含めて7人が、カメラやテープレコーダーを持ち込んで、海部俊樹首相や大阪府選出の国会議員3人の収支報告書を約2時間かけて書き写しました。カメラ撮影は不可、テープレコーダーによる読み上げはOKなどのやり取りを交わしました(『朝日新聞』1990年4月7日夕刊)。

ここで自治省の主張の根拠を検証してみたいと思います。

自治省は「閲覧により足りる」と言うが……

政治資金規正法は、主として同一の都道府県内で活動する政治団体は都道府県選管に、複数の都道府県で活動する政治団体、政党、政治資金団体は都道府県選管を通じて総務大臣（かつては自治大臣）に届け出る義務を課す。都道府県選管や総務省は公報や官報にその要旨を掲載する（20条）とともに市民が閲覧できるようにしなければならない（21条）。

「自治省事務連絡」とは１９８５年5月24日の自治省選挙部政治資金課長から各都道府県選挙管理委員会書記長あての「政治資金規正法関係質疑集の送付について」という問答形式の文書である。「地方公共団体は条例に基づき次のことができるか」という問いの中に「規正法において閲覧の対象としている収支報告書について写し交付をすること」があり、「答」の欄に「いずれもできないと解する」とあるだけで、理由の説明は一切無い。

小太刀俊雄・調査第1係長の「政治資金規正法逐条解説（11）」は、雑誌『選挙』の１９８７年7月号22～26頁に掲載されている。「この閲覧に関して、閲覧者等に収支報告書等のコピーを認めたり、コピー等の交付をすることができるかという点が問題となるが、結論としては消極に解されている。法は、政治資金の収支を国民の前に公開するため、何人でも政治団体から提出された収支報告書を一定期間（3年間）に限って閲覧できる旨を定めているが、この規定により行うことができるのは、閲覧の請求である。閲覧とは、一般に図書や書類を調べ読むこととされており、コピー等の交付は閲覧には含まれないと解されている。（中略）法は要旨の公表制度の補完的役割をこの閲覧制度に求めているのであって、要旨の公表事項以外の部分については閲覧により足りると考えているのである」

ただ、「閲覧により足りる」は実態とはかけ離れているし、また、自治大臣自らが「（コピー不可は）法律上の根拠がないではないか」と指摘した事実（後述）があります。

6　大阪府選管職員「コピーを認めると自治省に言いに行った」と証言

4月9日、第1回口頭弁論。私は、この裁判以前に自宅が地上げの被害に遭い、地上げ屋と裁判で戦いましたが（拙著『底地買い』ドメス出版、1987年参照）、その時と違い、骨肉の争いをしているわけではありません。しかし、裁判長が着席していきなり陳述するとなって、すっかりアガってしまい、頭がこんがらかって「緩やか」という文字が読めず、結局間違って読み上げてしまいました。

「応援する会」は、「知る権利ネットワーク関西」とは別にニュースを発行しました。その第2号（1990年8月）には、大阪府職員だった水田謙さんが「実はコピーできる！」という長い論文を書いてくれました。「有価証券報告書」は、証券取引法で「縦覧に供する」とあるだけで、コピーができることを検証してくれました。水田さんは北浜の大阪証券取引所に行き、「有価証券報告書等閲覧票」に氏名・住所・勤務先・閲覧を希望する会社名を記入し係員に渡せば1枚30

タヌキではありません。アライグマです。「政治を洗う」という意味ですが、性格は凶暴だとか。政治の悪と戦う私たちも凶暴？

円の手数料で自由にコピーできたそうです。しかも、その縮刷版が販売されています。「コピーと書いてないから、コピーは違法」というのがいかに根拠のないものかの証拠の一つです。

1991年2月8日の第6回口頭弁論で、府選管主幹Mさんの証人尋問がありました。Mさんの証言は、事務連絡であろうが、通知、依頼の何であろうが、文書番号が打ってあろうがなかろうか、公印が押してあろうがなかろうが、自治省からきた文書はすべて「指示（命令）」として扱っているというもの。私としては誤った解釈によって出された指示は明らかに無効と信じているのですが……。

大川一夫代理人が「なぜ自治省に行ったのか」と問うと、Mさんは「当該文書の性格を確認しに行った」と言い、「明示の指示かどうかわからなかったのですね」という問いには「私個人としては明示かどうかわからなかった」。つまり「指示」であると認識したが「明示」かどうかわからなかったので自治省に直接行って確かめたというわけです。自治省からは「明示の指示だから改めて文書で回答しない」と言われた、と証言しました。

丹羽雅雄代理人が、「明示の指示」であると判断する根拠について、「この文書には公印がないが問題ないのか」と問いますと、

Mさん「自治省に対しては、外向きの信頼の点でまずいと申し上げた。自治省からは『すんまへん』（証言通り）との回答があった」
丹羽代理人「自治省に出向いたのは、コピーを交付しても良いと考え、そのことを自治省に通告しに行ったからではないか」
Mさん「そういう感じであった」
私も質問しました。「私はかつて、証人自身から、コピーを交付できない理由について、自治省から『違法である』と言われたから、と聞いたことがあるが、それは間違いないか」
Mさん「言葉としてはそれで結構です」（『応援する会ニュース』1991年2月、4号）

7　問題を狭くとらえ、事実関係軽視の大阪地裁判決

1991年3月20日、「応援する会」は、府立労働センターで「政治家の金の流れを調べる市民集会」を開きました。そこで重要な報告がありました。市川房枝政治資金調査室室長の近藤千浪さんが「1967～8年ごろ、自治省の機械を使って政治資金収支報告書をコピーしていた」と重要な発言をされました。当時は、「政界の黒い霧」事件の捜査中で検察当局が、市川房枝参院議員の秘書をしていた近藤さんらと同じ部屋でコピーを取っていた。右翼系政治団体の収支報告書の収入欄に「地上げ報償金」「和解契約金」といった唖然とする記述もあった。ところが、その後「原本が紛失したから（実際は綴じ順が前後したらしい）今後コピーはさせない」となりました。それでも、写真撮影はOKだったそうです。

収支報告書をコピーできなければ、十分な政治監視はできないという怒り。

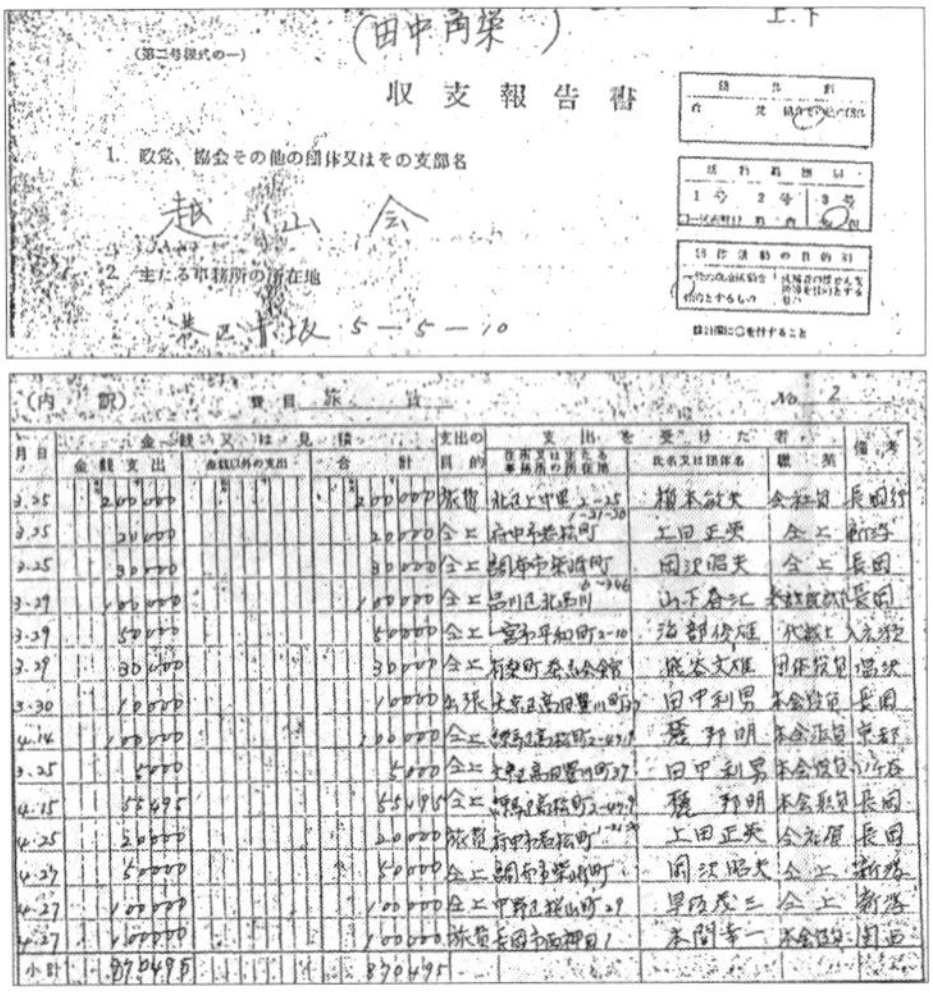

市川房枝参院議員が「青焼き」でコピーしていた昭和41（1966）年の「越山会」収支報告書の旅費の記載。懐かしい名前も見える

被告の府選管も裁判所も、そんな事実関係より、自治省からの「明示の指示」があったかどうか、と問題を狭くとらえようとしていました。原告としては、大阪府公文書公開等条例が目的として明確に位置付けている「知る権利」の保障にまっすぐ応えてもらえるよう、播磨信義・神戸学院大教授に依頼し「政治資金規正法『収支報告書の公開』に関する憲法的考察」という意見書を１９９1年9月に提出しました。

しかし、大阪地裁（福富昌昭裁判長）は１９９1年12月25日、私の訴えを棄却しました。

判決を要約すると、原告が主張する、自治大臣の指揮監督の「実質的合理性」は、違憲や違法という限度において必要となるものであり、今回の「明示の指示」は違憲、違法とはいえない。政治資金規正法は「写しの交付」を積極的に禁じていないが、その可否は収支報告書の公開事務を担当する機関（自治大臣又は都道府県選管）の裁量に委ねられており、報道機関への提供も裁量によるものである。大阪府公文書公開等条例は国等の指揮監督権を尊重する趣旨であり、条例9条3号に基づく、コピーを認めないという処分は適法である。報道機関への提供という、突き付けられた事実に対し、「(行政庁の)裁量」という言葉を使って、何とか「辻褄合わせ」をした内容であった。

「応援する会ニュース第8号」には、箕面市民が市教委の会議録の閲覧と謄写を求めた訴訟の判決が取り上げられていました。大阪地裁の古崎慶長裁判長が1980年9月、「住民には当然の権利として閲覧請求権があり、謄写請求権もある。被告の自由裁量という主張を認められない」という判決を下したことに関するものです。そして「住民は行政の処分に納得いかないから裁判に持ち込んだのに『選管の裁量』というのは三権分立の司法は死んだも同然」という一文が寄せられていました。そして判決の1年半後に若くして亡くなった水田謙さんも「よほど行政側が『変な』ことをしない限り違法と認定しないのか」と怒りました。

8　公開原則を踏まえた大阪高裁判決

控訴審は1992年4月17日に始まりました。高等裁判所は「充分審理を尽くしたい」と表明しました。2回目の6月3日の口頭弁論では、故市川房枝さんの自宅に保管されていた1966年政治資金収支報告書のコピー重さ約30キロ分を証拠として提出しました。中には、田中角栄元首相の政治団体「越山会」のもあり、海部俊樹首相が「海部俊雄」になったりしていました。大阪高裁は証人申請をすべて却下し、審理はたった1年で終わりましたが、裁判長は「(政治資金)課長では実務は分かっていないのでは」とか、事実確認で「不知」を繰り返す府選管に「市川さんがウソを書くはずないけどな」、府選管側に「目をギョロっとさせても明示の指示なのかね」などとユニークな発言がありました。

裁量権を振りかざす国相手の訴訟で証人申請が全部却下され、あきらめかけていたのですが、1992年12月18日の大阪高裁の判決(仙田富士夫裁判長)は驚いたことに私の逆転勝訴だったのです。敗訴を予想していたのか丹羽弁護士はパリに出張中でした。テレビ局も記者会見場にカメラを持ち込んでおらず、テレビの映像は1審判決時の使いまわし。和服で法廷に臨んだ私の姿はテレビには映りませんでした。残念!

判決理由は、「事務連絡」という文書は各都道府県選管の執務の参考にすぎない。本件公開事務の本質、内容に照らして客観的にその内容、形式を見ても、主務大臣等がその指揮監督権に基づいて「公にしてはならない旨の指示が明確に示されているもの」とするには足りない、と大阪府公文書公開等条例が定める「公開原則」をきちんと踏まえていました。

さらに、「事務連絡」を「有権解釈」や「行政指導」等とみる余地はあるが、その法律的根拠が明確ではない。文書の発出者は政治資金課長であり、自治省の文書決裁規定によれば、同課長を決裁権者にしている事務は別の1つだけであり、それも文書施行名義者は「大臣」である。このため、公開原則の適用除外事由の「主務大臣等から公にしてはならない旨の明示の指示」とするには不十分である、と明らかになった事実と公文書作成の原則とをきめ細かく照らして判断していました。

9　自治省や山梨県選管へ収支報告書を書き写す閲覧ツアー

控訴審の期間中は、裁判だけやっていたわけではありません。政治資金収支報告書閲覧ツアーを3回実施しました。1992年10月22日に東京・自治省、同月23日に山梨県選管、それに12月3日には、大阪府選管に行きました。

東京は、応援する会のメンバーに加え、「市役所見張り番」世話人の秋田仁志弁護士の計5人。佐川急便事件で5億円の違法献金が発覚した金丸信・元自民党副総裁周辺の金の流れを調べようというもの。自治省3階の4畳半ほどの閲覧室で、指定団体の「新国土開発研究会」と「日本政治を考える会」の1989～1991年の3年分を書き写しましたが、「富岳政経研究会」などのいくつもの政治団体の名前が出て来てその流れは複雑で際限なく広がっていきその作業は大変なものでした。山梨県内のみで活動した「久親会」などは山梨県選管で書き写しました。

政治資金課の対応は一言で表現すれば「対決姿勢」。政治資金規正法31条には「報告書の記載が不十分であると認められる時は説明を求め、訂正を命じることができる」とあり、そこで、「金丸氏は5億円の献金を受けたことを認め、刑も確定しているのだから、この条文を発動しないのか」と職員に質問すると、「31条は、計算間違いなど形式的な間違いに対するもの。直してほしいというのは越権行為」という回答でした。

正午になると、1時間休むからと退室を求められ、ワープロを使うから電源貸して、というと

「電気代がかかるから認められない」。閲覧室の写真を撮影したいも「認めない。理由は言う必要はない」といった具合でした。一方、山梨県選管のほうは、広い別室を用意してくれて見たい報告書も全部そろえてくれました。

大阪府選管へは高裁判決の約2週間前の12月3日に10人ほどでツアーしました。あらかじめ、チェック項目を決めたマニュアルを用意し「書き取り」の実習をするのも目的でしたが、手書き作業は予想以上に辛くみんな疲労困憊。4時間の予定が2時間で切り上げました。

10　国会議員の資産公開も書き写しの閲覧ツアー

大阪府選管が上告したので、いよいよ最高裁です。1993年3月8日に府選管の上告理由書が提出され、被上告人として反論書を提出しました。応援する会では6月5日に憲法学者の奥平康弘国際基督教大学教授を招いて「憲法と知る権利――コピー裁判の意義」という講演会を開きました。講演する前に奥平先生から「上告人は、伝統的な法概念によって官庁的な秩序を維持しようと一生懸命のようですし、それだけにあなた方は気を抜かず存分に闘ってください」という激励の手紙をいただきました。

講演の要旨は、実定法上に明文の規定がなくとも憲法を構造的に理解するなら知る権利は自ずと導き出されざるを得ない▽知る権利が機能するためには国民が自由にアクセスできる積極的請求権として機能する必要がある▽法律が無ければ憲法の理念が実現されないとすれば最高法規としての憲法が無意味となる。憲法は法律の不備を乗り越えて、国民生活に浸透し本来の理念が実現できる▽合理的な根拠なしにコピーを禁じるという国民に不利益な法解釈を行うことは違法である（1993年7月、応援する会第14号）。

反論書には、これまでの主張を集大成し①憲法に保障された知る権利と情報公開条例②政治資金規正法の立法趣旨と知る権利③機関委任事務と「明示の指示」の不当性に加えて、奥平先生から指摘を受けた「コピー禁止は新たな立法行為にあたり、裁量権の逸脱で許されない」という主張を新しく盛り込みました。

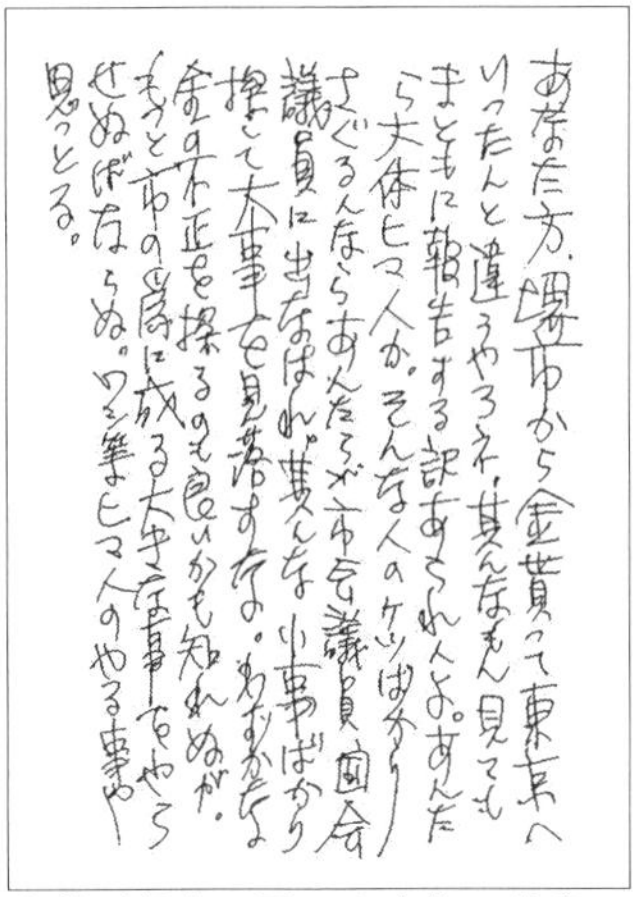
あなた方、堺市から金貰って東京へ
いったんと違うやろうネ。甚んなもん見ても
まともに報告する訳あらへんよ。あんた
ら大体ヒマ人か。そんな人のケツばかり
さぐるんならあんたらが市会議員、国会
議員に出なはれ。甚んな小事ばかり
探って大事を見落すなよ。わずかな
金の不正を探るのも良いかも知れぬが、
もっと市の為に成る大きな事をやら
せねばならぬ。ワシ等ヒマ人のやる事や
思っとる。

市役所経由で届いた中傷の葉書

上告後もツアーを実施しました。6月14日に全国会議員の資産が公開されたため、有志ら5人で東京の国会にいく「資産公開閲覧ツアー」を行いました。待ち構えていたのが衆参両院の閲覧規程「資産報告書を複写できない」。報道陣が多数詰めかけている中での閲覧でした。部屋の様子を撮るにも事務局職員が妨害し、認めさせるまでが大変でした。閲覧規程そのものも見せようとしません。押し問答の末に写しをもらうことができました。大阪に帰ってから、大阪府内の衆院選立候補予定者43人に公開質問状を送りました。「あなたが当選したらあなたの資産報告書と政治団体の政治資金収支報告書のコピーと郵送の求めに応じますか」や制度改正など

の4項目で、制度改正には、肯定的な答えが多かったのですが、現職中心に19人が無回答でした。

これらの私の行動に対して、当然様々な反応がありました。その一つに「堺市議会室付け」とする中傷の葉書が市役所経由で私あてに届きました。「あんたら大体ヒマ人か」とか「小事ばかり探して大事を見落とすな」とか書かれていました。電話でも「われら親分のケツばかりさぐるロクな奴じゃねえ、腹立つ奴だ」と言ってきたものがあります。しかし、ご安心ください『応援する会ニュース』第14号にきっちり反論を載せております。

それから約1年半後1994年11月に最高裁から、口頭弁論を1995年1月30日に行う、という通知が届きました。最高裁が口頭弁論を開く時は、高裁判決を取り消して判決を逆転させるか差し戻すかです。

11　自治大臣は「コピーを認めよ」と指示していた

そんなとき、元衆院議員の田川誠一さんから、自治大臣在任中にマスコミに政治資金収支報告書のコピーを許可したいきさつを書いた月刊『官界』1994年10月号が送られてきました。連載田川誠一政治生活33年の〝決算書〟第7回「やればできる政治家意識改革」で、大阪高裁の判決を高く評価していたました。それを要約すると、
マスコミ側が以前からコピーを認めてほしいと要望していたので、O選挙部長を呼んで（1984年7月23日）、「コピーができないという法的根拠がないではないか」と至急に記者クラブと

打ち合わせて、取材側の要望を容れるよう指示した。これに対してO部長はかなり強く抵抗した。しかし、彼の言葉に条理の明断を欠いていることを感じた私は、それから4日後、彼が別件の報告に来た時、もう一度この問題をむし返し、強い口調でコピーを認めるよう命じた。O部長は渋々認めたが、抵抗した理由が、後になって分かった。国会筋から強い注文があったためである。コピーが可能になった結果、ウソの記載やごまかしが発見されるようになったが、コピーができるのは収支報告書の発表前の内覧期間限定である。この辺にまだ大きな不合理を感じる。「公開」というのは一時的に国民の目にさらすのではなく、行政機関を国民に利用、理解してもらうという趣旨であることを、自治省はよく認識すべきである。

12　オバサン最高裁へ行く

最高裁でのいきさつは、『応援する会ニュース』第17号で自筆のマンガにしました。

1995年2月24日の最高裁第2小法廷の判決（大西勝也裁判長）は2審の大阪高裁の判断を覆し、コピー不可でした。要約すると、以下のように内容はこれだけ。

自治省政治資金課長の「事務連絡」は「公にしてはならない明示の指示」であり、政治資金規正法は、写しの交付を権利として保障していない。自治省の質疑集は、大臣から代理権を与えられた政治資金課長が出したものなので「明示の指示」に当たる。

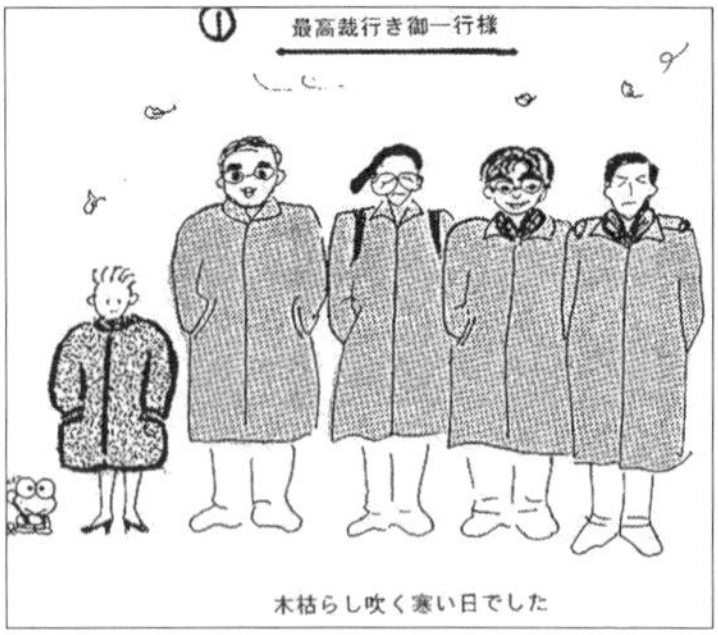

最高裁での口頭弁論は95年1月30日、寒い日でした。陳述人の私と丹羽、大川の両代理人、それに奈良から来た田畑和博さん、「知る権利ネットワーク関西」の船谷勝さんの一行5人は最高裁判所に入りました。そこで見たものは驚きの世界でした。

大阪府公文書公開等条例の趣旨である「公開原則」を一顧だにせず、いわば、国の自治体への命令に合理的な理由を説明する必要はないというものでした。当然のことながら、マスコミや法学者などから厳しい批判がありました。「民主主義とは何かを理解していない」（岩井奉信・常盤大教授、『朝日新聞』２月24日付）、「木を見て森を見ざる判決――社会常識と大きなズレがあるだけでなく、立法の精神にも著しく反した判決」（『日経新聞』社説、２月25日付）、「コピーの制限は目隠しに等しい。もっとも、この報告書を正直に記していない向きにはホッとする判決だろう」（『朝日新聞』「天声人語」、２月25日付）などでした。

13　情報公開は変わろうとしているのか

このようにしてコピー裁判と呼ばれた一連の取り組みは、残念ながら１９９５年私の敗訴で終わりました。しかし現在は、法改正にもよりますが公開請求すればコピーは手に入ります。はたして本当に私のやったことは政治浄化に一石を投じたのでしょうか。

幾つもの問題があるように思います。

第一は国の問題です。２００７年10月22日のA新聞に東京大学の学生が、総務省に提出されている政治資金収支報告書の書き取りをした様子が掲載されました。

「えーっ？　うそでしょう？」

正直思いました。見てメモできるのになぜコピーが採れないのという裁判は、10年以上も前

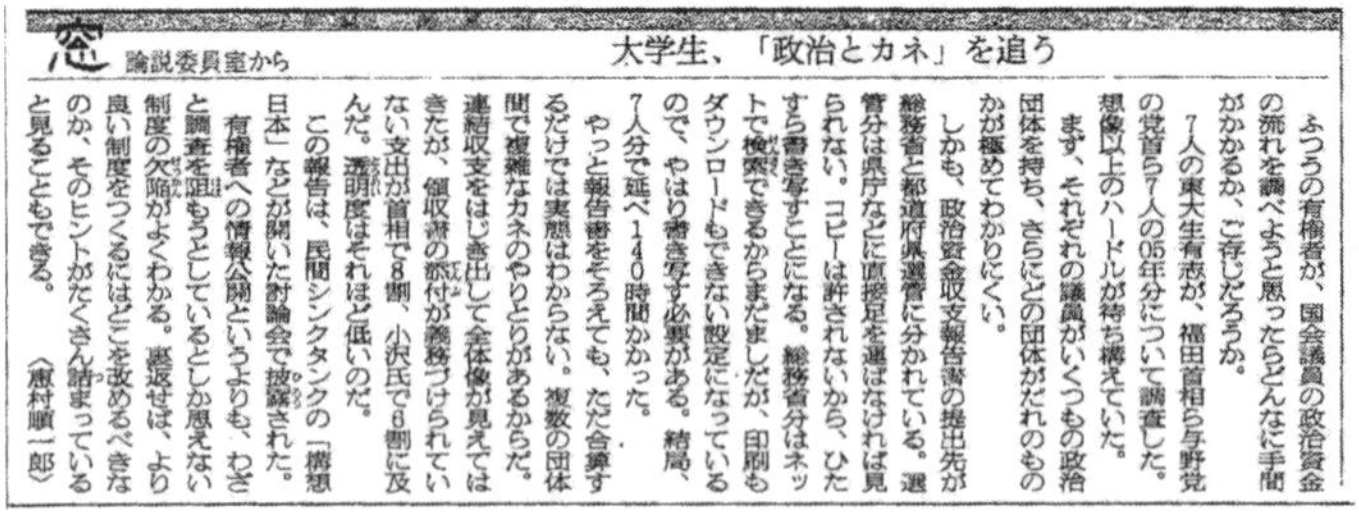

窓 論説委員室から

大学生、「政治とカネ」を追う

ふつうの有権者が、国会議員の政治資金の流れを調べようと思ったらどんなに手間がかかるか、ご存じだろうか。

7人の東大生有志が、福田首相ら与野党の党首ら7人の05年分について調査した。想像以上のハードルが待ち構えていた。

まず、それぞれの議員がいくつもの政治団体を持ち、さらにどの団体がだれのものかが極めてわかりにくい。

しかも、政治資金収支報告書の提出先が総務省と都道府県選管に分かれている。選管分は県庁などに直接足を運ばなければ見られない。コピーは許されないから、ひたすら書き写すことになる。総務省分はネットで検索できるからまだましだが、印刷もダウンロードもできない設定になっているので、やはり書き写す必要がある。結局、7人分で延べ140時間かかった。

やっと報告書をそろえても、ただ合算するだけでは実態はわからない。複数の団体間で複雑なカネのやりとりがあるからだ。連結収支をはじき出して全体像が見えてきたが、領収書の添付《てんぷ》が義務づけられていない支出が首相で8割、小沢氏で6割に及んだ。透明《とうめい》度はそれほど低いのだ。

この報告は、民間シンクタンクの「構想日本」などが開いた討論会で披露《ひろう》された。

有権者への情報公開というよりも、わざと調査を阻《はば》もうとしているとしか思えない制度の欠陥《けっかん》がよくわかる。裏返せば、より良い制度をつくるにはどこを改めるべきなのか、そのヒントがたくさん詰《つ》まっていると見ることもできる。 〈恵村順一郎〉

（1995年）に終わっていましたし、地方自治体に遅れること2001年には情報公開法の施行によりコピーは取れるようになっています。つまり、7年後のこの時点ではコピーは既に私たちは手に入れることができたはずなのです。記事はこうなっています。

［印刷もダウンロードもできない設定になっているので、やはり書き写す必要がある」と。

7人分を書き写すのに述べ140時間もかかったそうです。法が施行されて7年、国（総務省）は未だにこのような対応をしていたのです。単なる事務連絡を国の指示だと言い張ったその張本人が法改正を無視する、いや見落とすという現実です。こんなことで良いのでしょうか。国は幾度となく法を盾に私たちの訴えを跳ね返してきました。ならばこそ、その法をしっかりと認識し実行してもらわなければなりません。

14　東大生はなぜ、政治資金収支報告書を書き写したのか？

二つ目は私たち市民の関心度の問題です。

東大生たちは何を思ってこの時期にコピーを求めたのでしょうか。目的や動機は何だったのでしょうか。何か目的があったはずです。彼らはこの体験に対して何かをしたのでしょうか。そもそも政治資金の実態を調べようとしたことには何か目的があったはずです。

それが不可能にも近い実情に遭遇し、ただ記者に実情を訴え世論を喚起（はたして喚起したのか？）することで満足したのでしょうか。政治浄化のために最も大事なもの、それは「市民の目」なのです。政治資金規正法は最終の拠りどころを国民の不断の監視と批判に委ねているのです。

彼らはそのことに気が付いてくれたのでしょうか。すえは博士か大臣か、と言われるように、将来もしかしたら官僚？　え？　もしかして国会議員、大臣？　にも挑戦し得る東大生諸君、法の不合理に気が付いたなら憂うだけでなく、どうか行動を起こしてください。あなたたちは若いんだからきっと出来るはずです。

15　論説委員こそ「ご存知だろうか？」

最後にこれを記事にした記者の認識です。

誠に不本意ではありますが手厳しい指摘をします。

その内容は、政治資金規正法の本来の目的にそぐわない大きな壁があること批判しているのですが、この記事に少なからず腹立たしく思いました。

記事は、「今の制度ではダメだ、より良い制度を模索しなければならない」としています。このことには私も反対を唱えるつもりは毛頭もありませんが、一番気になったのは、これを取材し記事にした記者（論説委員とか）の感覚です。

冒頭の「ご存じだろうか」の一文です。多分このことを知ったあなたは驚かれたのでしょう。そしてそれを論説委員として記事にされたのでしょう。がしかし「ご存知だろうか」に自慢げな上目線を感じるのです。こんなおかしなことがあるのを皆さん知らなかっただろうと。裁判までして国と争った私だからの過剰反応かもしれません。が、敢えて言わせてもらいます。あなたこそ「ご存知だろうか」。この件は、はるか昔10数年も前に終結しているのですよ。それも一地方のド田舎の一市民の公開請求と裁判によってです。

ご存知だろうかと問う前に真っ先に国の怠慢を叱るべきでしょう。たとえ全国ニュースでなかったとしても、たかが地方の小さな裁判事件だったとしても、政治資金規正法という国の法の解釈に一石を投じた事件を報道関係者だったら、しかも駆け出しの新人ならぬ論説委員という肩書をお持ちの方が知らなかった、あるいは調べようとしなかったでは済まされないでしょう。報道機関、それに従事する人たちは、前例があるかないか、あるいは真実かどうか等裏を取ることが鉄則ではありませんか。さらに言えば、日本の社会で動き始めた問題（情報公開）に気が付いておられなかったとしたら、身も蓋もない言い方ですが、個人としては失格だと思います。

問題は山済みです。

私たちは1988年から「知る権利」の確立を目指して活動して30年経ちました。道半ばですが近い将来「知る権利」が市民の右腕になることを夢見たいと思います。

第2節　コピー裁判その後
——地方分権改革と情報公開法制定

神野武美（元朝日新聞記者）

裁判所が判決で「非公開」と決めても、社会の流れで覆され「公開」されるようになった例がある。「知る権利ネットワーク関西」の事務局長を務めた野村孜子さん（堺市在住の主婦）が取り組んだ政治資金収支報告書のコピーの交付を求めた行政訴訟は1995年2月24日、最高裁で敗訴した。その後5年間、コピー交付問題自体の進展はなかった。しかしこの間、国の行政のあり方を変える大きな改革が行われている。一つは、中央集権的な行政の仕組みを改め「国と地方自治体は対等」という原則を打ち立てた「地方分権改革」（2000年3月の地方自治法改正など）、もう一つは、公開・非公開の判断を官僚や大臣の裁量に委ねていた行政情報を「原則公開」とした情報公開法の制定（2001年4月施行）である。

朝日新聞社会部記者であった筆者は2000年7月31日、政治資金収支報告書の写しの交付を大阪府選挙管理委員会に公開請求した。地方自治法改正で、地方自治体の事業や事務の一部に国の指揮監督権を認めてきた「機関委任事務」が廃止されたからである。最高裁判決は、自治省が各都道府県選管に出した「コピー不可」という「明示の指示」を「有効」と認定したが、同事務

コピーが可能になった政治資金収支報告書

の廃止により自治体を国の〝下請け〟と位置づける前提条件が崩れ、「無効」になったと考えたからである。筆者が目論見の通り、大阪府選管は8月14日、「コピー可」を決定した。

ただ、情報公開において先進的とみられていた神奈川県の選管は「コピー不可」を維持した。その辺のカラクリを解き明かすのが本稿の目的である。

1　情報公開法施行前にコピーができたワケ

府情報公開条例に基づいて大阪府選管に対し、コピー交付を含む情報の公開請求したのは自民、民主、共産の各党府連、公明党衆院議員の資金管理団体、社民党（当時）衆院議員を支援する政治団体の政治資金収支報告書。改正地方自治法が2000年4月に施行され、地方自治体に対する国の指揮監督権を定めた「機関委任事務」が廃止され、それに伴い大阪府は6月に情報公開条例を改正した。「コピー不可」の根拠とされた「主務大臣等の（明示の指示）」が条文から消えたのである。

自治省（現総務省）は1999年5月に、情報公開法施行後（2001年4月）に政治資金収支報告書のコピーを認める方針を明らかにしていた。しかし、国の省庁がそう易々と「指揮監督権限」を手放すはずはない。案の定、自治省は2000年4月、「政治資金規正法に基づく都道府県の法定受託事務に係る処理基準について」という通知を各都道府県選管に送った。それは、「政治資金収支報告書の写しの交付は認めない」という内容で、機関委任事務の「明示の指示」に代わるものである。「法定受託事務の処理基準」は、指示や命令ではないが、自治体が、国が示す基準通りの処理（仕事）をすることを予定したものである。

情報公開法施行前に、地方自治体に「コピーを交付させる」ことを試みたのは、この「処理基準」を地方分権改革に対する官僚の抵抗の一つであると捉え、「その不合理性を明らかにする」のが目的であったからである。

自治省の「処理基準」に対し都道府県選管はどう対応するのか、大阪府選管は「処理基準」を受け入れてしまうのではないか。「情報公開審査会に持ち込んで逆転させてやろう」。そんな意気込みを持っていた筆者に対し大阪府選管の決定はあっさり「公開」であった。いささか拍子抜けであったが、ただ、大阪府情報公開審査会の答申例や、大阪府選管のこれまでの姿勢からすれば自然なことと言えた。

2　地方分権改革がもたらした効果

先に野村孜子さんが述べているが、筆者は記者として取材した府選管事務局のＭ主幹から「実はコピーを認めるつもりだった。ところが、自治省に出向いて、コピーを認めることを確認しようとしたところ、『ダメだ』と言うので、不可にせざるをえなかった」と、むしろ前向きであったことを聞いていた。野村さんの不服申立てを審査した大阪府公文書公開審査会も、異議申立てを「棄却」する一方で、「コピー不可」とする国の姿勢を厳しく批判する見解を示していた。

実際、同審査会は、国からの「非公開の指示」を否認する答申を度々出していた。例えば、86年9月の「国勢調査のアンケート用紙」の非公開を覆した答申では、主務大臣等が指揮監督権に基づき発した▽指示は文書による▽非公開の対象が具体的に特定できる▽指示の形式、発信者、内容及び具体的な表現に示された合理的理由を総合して判断すべきだ、と非公開を認める条件を限定した。

１９９２年5月の「従業員千人以上の法定障害者雇用率未達成（かつ、障害者雇用不足数30人以上50人未満）の大企業に対する指導内容」（非公開に対する不服申立て）についての答申は、「行政情報公開基準」（１９９１年12月11日閣議決定）は「『規制の合理的理由』の判断をする時の参考とすべきである」という規制を設け、国からの野放図な非公開指示に歯止めをかけ、企業名は非公開だったが、指導の内容等が具体的にわかる範囲までの部分公開を求めた（神野武美『情報公開』花伝社、１９９６年、１４８頁）。

地方自治法改正に合わせて改正された大阪府情報公開条例の非公開要件の一つである9条2号（2）は「法令の規定により、又は法律若しくはこれに基づく政令の規定による明示の指示（地方自治法２４５条1号への指示その他これに類する行為）により公にすることができない情報」となった。機関委任事務の廃止に伴い、「主務大臣等の」という指示の主体を削除することで、大臣や官僚の裁量の余地を排除した。つまり、きちんと法律や政令に基づかなければ「非公開」の指示はできないのである。

その「解釈運用基準」でも「当該情報を公開できる旨の明文規定が存在しないことのみをもって非公開と判断し、本号を適用するなどの安易な拡大解釈は認められない」「省令、規則、通達等のみを根拠とする指示は含まない」などとしっかりとクギを刺している。

3「公物法」の論理に支配されている

自治省政治資金課の「質疑集」、1審判決、最高裁判決に共通するのは、「合理的な理由を示せなくても、圧力であろうと忖度であろうと、明らかに違法でなければ、国の事務（機関委任事務）なら何でも自分たちの裁量でできる」という論理である。「モリ・カケ事件」などのように「行政が歪められた」と批判されても、「最高裁公認」のこの論理を使えば不都合な事実を「裁量」で隠せる。その論理の根源がどこにあるのか。憲法学者の故奥平康弘・東大名誉教授が2006年11月11日、大阪府立労働センターで行った講演「憲法改正と知る権利」（知る権利ネットワーク関西主催）で明らかにしている（知る権利ネットワーク関西編「『知る権利』と憲法改正」花伝社、2007年）。

「（政治資金収支報告書は）各政治家や政治団体が、公的なある種の目的のために、府選管に対して報告したものであり、その管理や運営は行政内部の問題である、と言ったわけです。こうした考え方は、古い行政法の言葉で『公物法』と言います。公のものをどう処理するのか、という権限、すなわち公物管理権はすべて中央政府にあるというわけです。法律が『公開する』としているから公開はするが、法律に書いてあるのは『閲覧』だけ。それ以外何も書いてないから、最低限度の『閲覧』はさせるが、それをどのように見せるのかは、行政官庁が本来持つ『管理の自由』の範囲、つまり、公物法にもとづく公物、行政上の財産の使い方の問題であるという理屈なのです」

しかし、2009年7月に制定された「公文書管理法」の第1条には「この法律は、国及び独立行政法人等の諸活動や歴史的事実の記録である公文書等が、健全な民主主義の根幹を支える国民共有の知的財産として、主権者である国民が主体的に利用し得るものであることにかんがみ、国民主権の理念にのっとり、公文書等の管理に関する基本的事項を定める……」とある。「国民共有の知的財産」「国民が主体的に利用し得る」と位置づけられたことにより、「管理の自由」を官僚が握るという「公物法」がもはや通用しないのは明らかである。

そもそも、情報公開法や情報公開条例は、権力者や官僚の行為を市民・国民の不断の監視下に置くことで、彼らが裁量で情報の公開・非公開を決めることを許さないのが原則である。実施機関が「非公開決定」をするには、保護に値する客観的、実質的、合理的な理由（実質秘）を具体的に明示することが必要であり、法や条例は「非公開事由」を類型的に列挙し、それらに該当しないものは非公開にはできないという根本的な仕組みがある。

従来、国民主権の重要な要素でありながら抽象的な権利に過ぎなかった「知る権利」を具体的な権利として実現させた画期的な大転換である。従来の法律とは180度違う、ネガとポジに匹敵する法理であり、「公物法」的な考え方は一掃されていても良いはずである。

4 亡霊のように棲みつく古い法感覚

地方分権改革による機関委任事務の廃止（2000年3月）、情報公開法の制定（2001年4月）、公文書管理法の制定（2009年7月）と続き、行政官庁の秘密主義は「過去の遺物」になったように見えるかもしれない。だが、こうした「過去の遺物」が政治家、公務員、裁判官、そして研究者の意識の中に亡霊のように棲みついている。例えば、モリ・カケ事件において、公文書を廃棄したり隠蔽したり作成されるべきものが作成されていなかったりする現状では、まったく浸透していないと言わざるを得ないのが実態である。「公物法」的なやり方に固執している事例をここで紹介したい。

筆者は、政治資金収支報告書のコピー交付について、大阪府選管と対比するため、2000年8月、神奈川県選管に対し政治資金収支報告書のコピーの交付を請求した。しかし、同選管は9月4日、大阪府選管とは正反対の非公開処分とした。筆者の不服申し立てに対し、県情報公開審査会（堀部政男会長）が結論を出したのは、約1年9か月後の2002年5月20日。2001年4月の情報公開法制定に伴う「コピー解禁」から1年以上も後であった。答申は「公開請求の目的は既に達せられ、不服申立ての意義は失われたものと判断する」と、「時間稼ぎ」の末、既成事実に寄り掛かった「逃げ」の結論であった。

神奈川県選管が、コピーを認めない根拠は、県情報公開条例5条7号（法令等の規定による情報）である。「法令等の規定又は地方自治法245条の9第1項による基準その他実施機関が法律上従う義務を有する国の機関の指示により、公開することができないとされている情報」というもの。上記の「基準」とは、機関委任事務の廃止を受けてそれに代わるものとして設けられた「法定受託事務」における「処理基準」である。

「処理基準」は、所管する大臣が「よるべき基準」として示し、地方自治体は、それに基づいて事務を処理することが法律上予定されている。しかし、「その目的を達成するために必要な最小限度のものでなければならない」（245条の9の5）という条件が付く。地方分権改革の論議で問題視された「規律密度の濃さ」の歯止めとして設けられたものである（松本英昭『要説地方自治法第7次改訂版』ぎょうせい、2011年、619〜620頁）。

5 「必要最小限度」の処理基準？

2000年4月1日に自治省選挙部の政治資金課長と収支公開室長から各都道府県選管書記長あての『政治資金規正法に基づく都道府県の法定受託事務に係る処理基準について』には、「3．収支報告書等の公開について、という項目に、（1）……当該収支報告書等の写しの交付をすることは認められない……、（2）……届出、収支報告書その他の文書について、都道府県の条例に基づき、法において閲覧の対象とされていないものを公開し、又は法において閲覧の対象にされているものに係る写しの交付をすることは認められない……」とある。

これが「必要最小限度」かが問題である。大阪府選管は、筆者の公開請求を踏まえて、自治省政治資金課に「処理基準があるが、写しを出したら違法なのか」と問い合わせ、その答えは「情報公開法施行で従来の取扱いを見直すための経過的に継続するもの。（法的扱いについては）あとは府のご判断で」だった。筆者自身も、自治省政治資金課に問い合わせた。その答えは「処理基準の趣旨を理解していただきたいということ。都道府県も一緒にしてほしい」という極めて根拠の薄いものだった。

神奈川県審査会の答申には、県選管の決定に対する否定的とも受け取れる見解も述べられていた。「その他」として、「処理基準の内容が……当該事務を定めた法令の趣旨に反するものであると判断される場合には、当該処理基準に従う必要がないことは当然である。……条例5条7号を適用しないことは、条例上明文でその旨が規定されていないとしても、条例の解釈運用として可能であると考えられる」「……処理基準を適用するに当たっては、請求に係る報告書等が形式上処理基準において写しの交付が認められていないとされている情報に該当するかどうかだけでなく、その交付の可能性についても検討した上で、条例5条7号の規定の適用の有無を判断するべきであった」とある。

ところが、答申は「規正法においては、報告書等については閲覧を認めることで足りるとの判断がされているものと考えられる。したがって、本件処理基準が『写しの交付をすることは認められない』としたことが規正法の趣旨に明らかに反するものであるとは解されない」と、国の判断に従属すべしとする見解も述べている。これが「必要最小限度のものかどうか」という論点をはぐらかしている。

審査会の審議に異常に長い時間を要したのは委員の意見が割れたのか、役人が激しく抵抗したのかいずれかと推測されるが、情報公開制度研究の第一人者の堀部政男会長がその〝権威〟を以てこの「処理基準」を一刀両断に斬り捨てるべきであったと思う。

6　往生際の悪さが際立つ総務省と神奈川県選管

というのは、この「アイマイな結論」に〝延長戦〟があったからである。筆者が知らない某氏が2004年4月、2003年分の政治資金収支報告書5団体分の公開とコピーを神奈川県選管に請求して拒否され、不服申立ての末、情報公開審査会の答申（2004年9月）を経て公開された事例がある。総務省や都道府県選管に提出される前年分の政治資金収支報告書は、秋ごろその「要旨」が公表された後、原本も閲覧所でその後3年間閲覧に供される。某氏の公開請求は「要旨の公表より前に原本を開示せよ」というものであった。

答申によると、県選管は、政治資金規正法に基づく報告書の公開事務は法定受託事務なのでその解釈は本県独自にはできないので総務省に確認したところ、「要旨の公表前は、閲覧を含めて公表できないと解される」という見解を示されたため、「法令等の規定により公開できない情報」（5条7号）に該当するというのが理由である。

だが、「コピーの交付は認められない」とする処理基準は2001年3月26日付で廃止されており、「本県独自にできない」から国の指示を仰ぐという姿勢は、機関委任事務の時と同じである。その後、県選管は、「根拠が薄い」と感じたのか、非公開理由を「当該事務又は事業の性質上、当該事務又は事業の適正な遂行に支障を及ぼすおそれ」（5条4号）に変更している。県選管も自治省も往生際が悪いと言わざるを得ない。

審査会は、「法定受託事務であっても、地方自治法2条2項の地方公共団体（自治体）の事務である以上は、地方公共団体が法令の解釈を行うことができるのは明らか」とし、5条4号の理由も「支障の程度については名目的なものでは足りず、実質的なものであることが必要」などとして県選管の主張を退けた。筆者に対する審査会答申では、自治省側の見解を「コピー不可」の根拠にしていたのに、である。

7　正義を求める市民は緻密な論理で主張する

政治資金収支報告書は今日、コピーも簡単に入手できるようになった。情報公開法施行でコピーの交付が全国的に可能になり、2004年に日本歯科医師連盟が自民党議員に迂回献金をしていた闇献金疑惑、いわゆる日歯連事件が明るみに出て、当時の自民党最大派閥・橋本派への1億円の闇献金も発覚し、2005年に政治資金規正法が改正され、政治資金団体への寄付は銀行や郵便振込み等で行うことが義務づけられた。さらに、議員立法で政治資金規正法が改正され、2009年分から情報公開制度とは別の仕組みで報告書のコピーが可能となり、少し遅れてインターネットでも公開されるようになった。報告書を市民やマスコミが収集し分析することによって不正を行った数多くの政治家が失脚している。

市民の「良識」が働くはずのことを、行政府の官僚や裁判官という〝プロ〟が否定し続けた歴史を我々は忘れてはいけない。2001年4月に情報公開法が施行され、「主権在民」という民主主義の基本原則を矜持としていれば、地方自治法、情報公開法、公文書管理法といった法規の基本原則の大転換を理解できないはずはない。しかし、屁理屈で自分たちを正当化する質の悪い「霞が関文学」を駆使する高級官僚、詭弁を弄して権力者におもねる判決を出し続ける「ヒラメ裁判官」は後を絶たない。

正義を求める市民ができることは、粘り強く、包括的かつ緻密な論理に基づいた主張をことあるごとに展開していくことである。「専門家には敵わない」と心理が働くかもしれないが、むしろ、その専門性を疑うことが重要である。よく見ていくと、官僚や裁判官が駆使するのは、一見専門的だが、自分たちに都合の良い事実だけを切り取り、都合の良い法理論を当てはめ、詭弁を弄するだけで矛盾に満ちていることは、野村さんと筆者がこれまで述べた事実によって明らかであろう。

第2章　見えてきたこの国の統治の姿

——安威川ダム情報公開請求活動40年間の総括

江菅洋一（安威川ダム反対市民の会代表・「知る権利ネットワーク関西」事務局長）

第1節　はじめに

２０１７年末から２０１８年にかけて見聞した事象（ＰＫＯ日誌の隠蔽・モリカケ事件・障害者雇用偽装等々）が、私が約40年間、身をもって体験し感じてきたことと妙に一致している。

私は、行政をやり込めるとか政治的野心があるとかではなく、まじめに環境保全の立場から40数年間、私の住む茨木市内の北摂丘陵に安威川ダムが建設されることに反対し、これに関連して情報公開に取り組んできた。

しかし、昨今の政府や自治体など情報公開に対する行政の様子を見聞するにつけ、この40年間の取組みは一体何だったのだろうかと、深く考えてしまう。行政の論理と政治の権力闘争により、河川行政に絞ってみても、これまでいかに市民・住民がないがしろにされ都合よく利用されてきたことか。この状況を何とかしたいという願望から、環境破壊ダム建設反対と並行して情報公開にも取り組んできた。が、近年の状況を見るにつけ正直大きな失望感がある。

私が、大阪府営安威川ダム建設計画事業の中止を求める運動に、なぜ人生の大半で係ることになってしまったのか?!

それは、大阪府が合理的で納得のいく説明をしてこなかったから！

大阪府は、計画当初1967年からおよそ20年間、ダムの必要性や安全性について、ウソをついたりゴマかしたり、情報操作を繰り返していた。とにかく、薄弱な安全性や有効性を根拠としてダム建設の既成事実づくりに腐心してきた。そこには、説明責任の意識や環境保全への配慮はまったくみられなかった。

しかし、社会情勢の変化に伴い、大阪府の秘密体質も徐々に変化してきた。勿論、そこには、私たち市民による真実を求める取組みが、情勢を動かす最大の源泉であったことはいうまでもない。

その情勢転換の一つが、1984年に「大阪府公文書等公開条例」が施行されたことを受け、私が公開請求・異議申立を経て住民訴訟した「安威川ダムサイト地質総合解析結果報告書」の部分公開処分取消訴訟が、最高裁で勝利した事である。

もう一つが、2001年に旧河川法が改正され、河川管理に住民参加と環境保全への配慮が義務化され、河川管理者の説明責任が明記されたことであろう。

人は時として、私に問うてくる。「そんなこと（ダム反対や情報公開）して何の得になるネン?」私は、「こんな得するネン！」といえる明確な答えを返せない。

安威川ダムの位置

事業経緯

昭和42年	北摂豪雨災害(これを契機にダム構想立案)
昭和51年	実施計画調査段階(国庫補助により調査に着手)
昭和63年	建設段階(国庫補助によりダム建設等の工事に着手)
平成 5年 8月	付替道路工事に着手
平成 7年 3月～	水没各地区と「基本協定」の締結
平成11年 3月	補償基準協定書の調印 ⇒本格的な水没地等の用地取得に着手
平成17年 8月	大阪府の水源計画変更 ⇒安威川ダム利水機能を7→1万㎥/日に縮小
平成19年 6月	水没家屋等の代替地への移転を完了
平成21年 8月	水需要予測の見直しにより、安威川ダムから利水事業が撤退
平成22年 9月	付替府道　茨木亀岡線の全区間(L＝5.4km)供用開始 国よりダム事業の検証の要請
平成24年 6月	ダム事業の検証完了、国の対応方針決定 《安威川ダムの事業継続》
12月	転流工工事を発注
平成26年 3月	ダム本体工事を発注
6月	ダム事業の認定が告示
平成32年	ダム完成予定

ダムと貯水池の諸元

諸元			備考
ダム堤体	形式	中央コア型ロックフィルダム	土や岩石などで盛り立てるタイプ
	高さ	76.5 m	20階建てのビルを超える高さ　太陽の塔を超える高さ
	長さ	337.5 m	ダム頂上部の長さ
	天端幅	10.0 m	ダム頂上部の幅
	体積	222.5 万㎥	京セラドーム大阪の約2杯分
貯水池	集水面積	52.2 km²	ダム湖に水が流れ込む範囲
	湛水面積（平常時）	34 ha	平常時の湖面の広さ　京セラドーム大阪の約25個分
	湛水面積（大雨時）	81 ha	大雨時の湖面の広さ　京セラドーム大阪の約60個分
	総貯水容量	1,800 万㎥	京セラドーム大阪の約15杯分
	有効貯水容量	1,640 万㎥	水が貯まる容量
	洪水調節容量	1,400 万㎥	洪水をもたらす大雨を受けとめる容量
	不特定利水容量	240 万㎥	・流水の正常な機能の維持と農業用水のための流量を合せた146万㎥ ・下流河川の環境改善のための放流に活用する94万㎥
	堆砂容量	160 万㎥	湖底に堆積する土砂の容量

ダム標準断面図

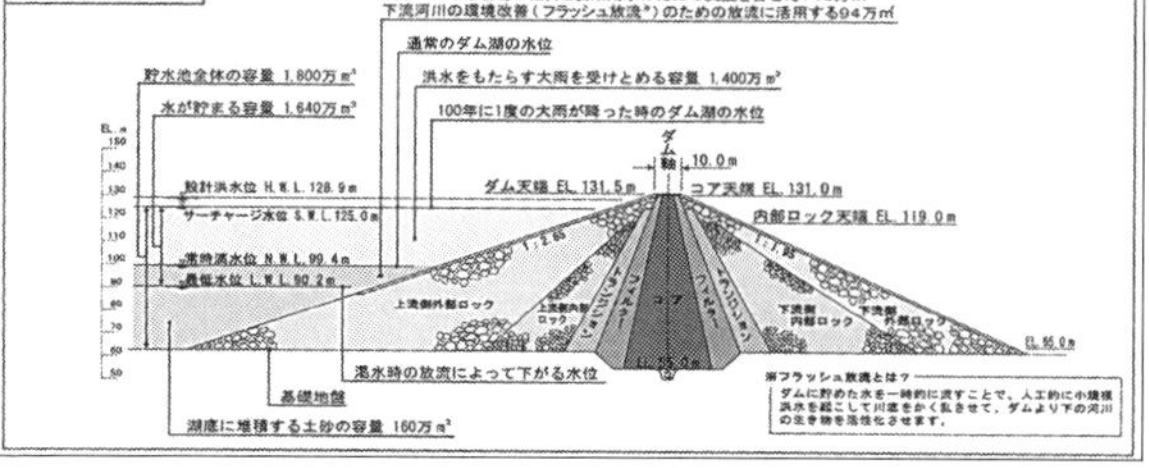

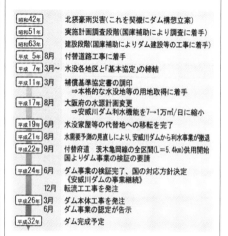

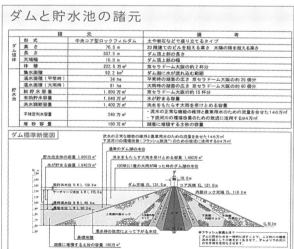

しかし、このダム反対や情報公開の取組みを通じて、多種多様な多くの市民や大学人、弁護士、マスコミ人など普通に暮らしていれば出会うことがないであろういろいろな分野の方々と知見を得て話を聞き、交流し、議論を重ねることができた。人として厚みが得られたと自負している。

さらに、生態系のこと、ダムのこと、土木工事のこと、地質のこと、河川や治水のこと、憲法や関連法制のこと、地方自治のこと、行政のこと、そして情報公開のこと等々、単に職業として教員をしていただけでは得られない広範な知識と多様な人々とのつながりを得ることができた。

この貴重な体験すべてが、私の体の中に肥しとして蓄積されている。

私の環境保全への思い＝ダム建設反対の取組みに寄り添い支援していただいた多くの広範な市民のみなさん、民主行政に欠かせぬ情報公開制度の普及に共に取り組んできた仲間のみなさん、このような住民訴訟を全面的に手弁当で支えていただいた弁護士のみなさんのお陰であることを、深謝している。

そして何より私は、これまでの活動に費やした金額や享受できたであろう団らんの時間を考える時、私のわがままを長期間我慢して受け入れてくれた家族に、感謝の気持ちを伝えたい。

第2節　情報公開における「安威川ダムサイト地質総合解析結果報告書」訴訟
――最高裁、住民完全勝訴判決の意義――

1　我が国情報公開黎明期に公文書公開ナショナルスタンダードを確立

（1）世間ではあまり認識されていないが、「たとえ意思形成過程情報であっても、専門家の科学的視点に基づく客観的調査報告書等は公開すべし」という最高裁完全勝利判決により、同種公文書開示に関するナショナルスタンダードが確定した。私たちは、安威川ダム建設反対の取組みにより、住民優位の公文書公開に関するナショナルスタンダードをつくりだした。

（2）この判決により、例えば原発建設に関する科学的調査報告書等は、ほぼ公開されることとなった。

開示請求者（多くは市民・住民）は、実施機関が所有する多くの資料が入手可能となり、実施機関とほぼ同質の資料を共有することができるようになった。それらの開示資料に基づき、実施機関の諸施策に対しきっちりとコミットメントすることが可能となった。反面、科学的報告書等は専門的情報であり、大量な情報を前にして、住民・国民は市民の側になってくれる専門家が少なく、情報内容の理解及び情報の取捨選択に困難をきたしている。

（3）一方、多くの情報文書を公開せざるを得なくなり窮地に陥った実施機関は、公文書の隠蔽や改ざんという禁じ手をとり、情報公開法制の立法趣旨に反したネガティブで違法な対応を生み出している。行きつく先では、公文書をできるだけつくらないことが画策されている。

公文書管理のあり方については、民主党政権化の厚労省における予防接種ファイルの後出し事件で社会の耳目を集めていながら、責任者の処罰などきちっとした対応策が講じられなかった。今日の自民党一強政権下での不都合な公文書の隠蔽、決裁文書の改ざんなど、モラルハザード著しく、目を覆う事態を招いている。

2　安威川ダム関連情報の公開訴訟【昭和の裁判】

経過

安威川ダムにかかわっての40年間の歴史を振り返ってみよう。

◆1967（昭和42）年　大阪府、北摂豪雨水害を期に安威川ダム建設を企画
◆1971（昭和46）年　ダムサイト地質調査に着手
◆1980（昭和55）年　「安威川の自然を守る会」結成
◆1982（昭和57）年　「安威川ダム反対市民の会」結成
◆1983（昭和58）年　月報安威川　創刊（3／1）
◆1984（昭和59）年　「大阪府公文書等公開条例」施行（10／1）
「安威川ダムサイト地質調査総合解析結果報告書」公開請求
部分公開決定（10／15）
部分公開処分に対し異議申立て（12／14）

◆1985（昭和60）年　異議申立て　棄却（3／29）
　　　　　　　　　　行政処分の取消しを求めて大阪地裁に提訴（6／22）
◆同上　　　　　　　「情報公開に係る行政訴訟を支援する会」結成（6／22）
　　　　　　　　　　「だしなはれ　みんなの情報！」創刊（7／22）
◆1992（平成4）年　大阪地裁　判決【原告の請求を棄却する】（6／25）
　　　　　　　　　　原告　大阪高裁に控訴
◆1994（平成6）年　大阪高裁　判決【原判決を取り消す】（6／29）
　　　　　　　　　　大阪府　最高裁に上告（7／12）
◆1995（平成7）年　最高裁　判決【上告を棄却する】（4／27）

私が大阪府に公開請求した「安威川ダムサイト地質総合解析報告書」

大阪府は当初、私の公開請求に対し表紙と「まえがき・もくじ・あとがき」のみ公開する「部分公開処分」とした。後日、大阪府職員が茨木市議会で「実質的内容は全て拒否した」と証言していることからも明らかなように、私たちの公開請求に対し条例趣旨に則って忠実に公開・非公開を検討したのではなく、実施機関の都合にのみ立脚した処分を行った。そこで私は、大阪府公文書等公開条例の救済手続きに則り審査会に「異議申立」をしたが、大阪府公文書公開審査会の答申は「当局処分妥当」であった。その約3か月後に行政訴訟を大阪地方裁判所に提起した。大阪地裁では敗訴だったが、弁護団の意向で大阪高等裁判所に控訴した。判決理由があまりにもお

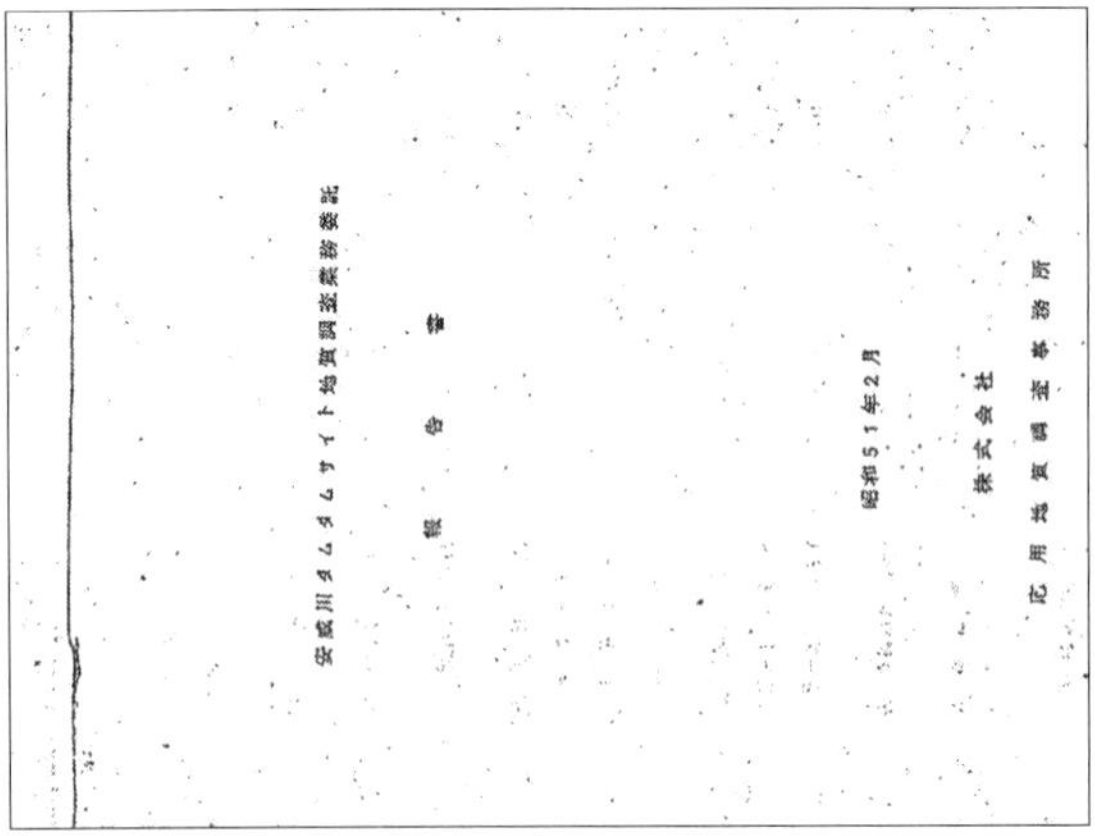
安威川ダムダムサイト地質調査業務委託

報　告　書

昭和51年2月

株式会社

応用地質調査事務所

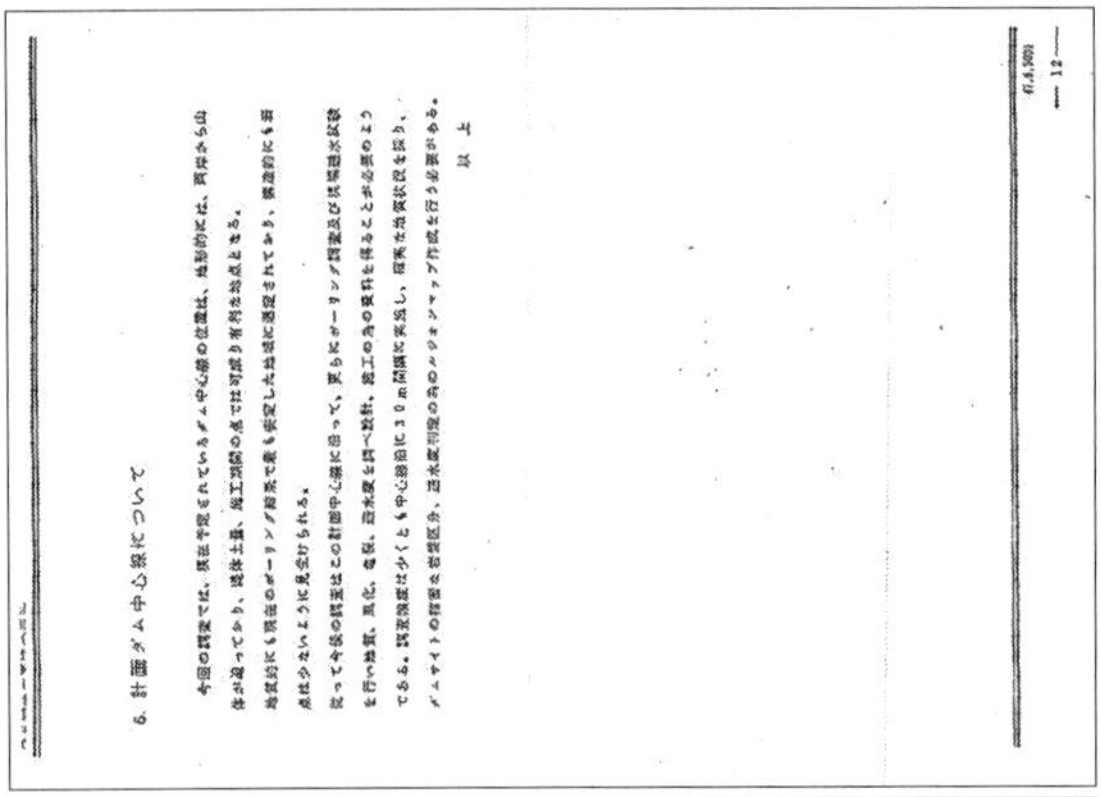
6. 計画ダム中心線について

今回の調査では、現在予定されているダム中心線の位置は、地形的には、両岸から山体が迫っており、堤体土量、施工期間の点では可成り有利な地点となる。
地質的にも現在のボーリング結果で最も安定した地域に選定されており、構造的にも弱点は少ないように見受けられる。
従って今後の調査はこの計画中心線に沿って、更にボーリング調査及び現場透水試験を行い地質、風化、亀裂、透水度を調べ設計、施工の為の資料を得ることが必要のようである。調査密度は少くとも中心線沿に30m間隔に実施し、確実な地質状況を採り、ダムサイトの精密な岩盤区分、透水度判定の為のルジョンマップ作成を行う必要がある。

以上

— 12 —

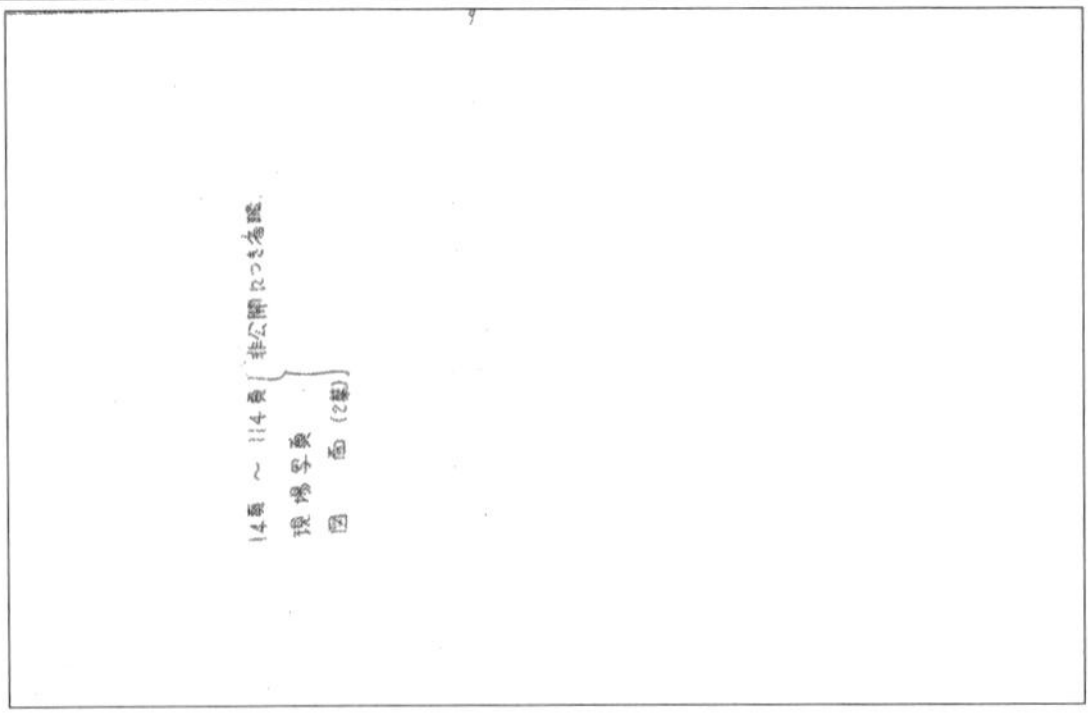
14頁 ～ 114頁
現場写真
図　面（2葉）
非公開につき省略

部分公開といっても肝心な部分のページは省略されていた

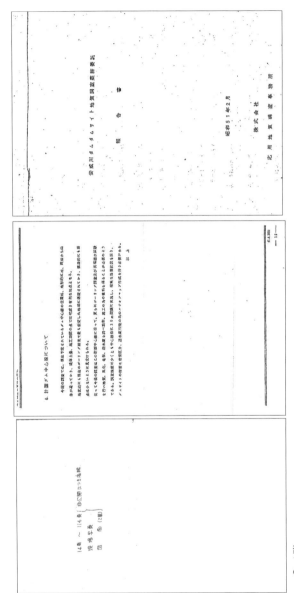

粗末であったため弁護団として許せなかったからである。大阪高裁は、地裁判決を取り消し、控訴人（江菅）の請求認容の判決を下した。最高裁は府の上告を棄却し、住民勝訴＝文書公開が確定した。

市民活動にとって常識的な高裁・最高裁判決

意思形成過程により非公開を主張した大阪府の主張に対し、「科学的客観的事実が記載されているこの種の文書については、意思形成過程か否かに拘わらず公開すべき」という高裁・最高裁判決は、私たち市民活動にとってはしごく常識的であった。

【大阪高裁判決要旨】

1　公開を求めている文書は、専門家が調査した自然界の客観的、科学的な事実、分析でありそれ自体誤解を生じさせるものではない。

2　たとえ意思形成過程情報であっても、分割して公開可能である文書は、公開すべし

3　本件文書が公開されたからといって、誤解や混乱、自由闊達な議論を妨げるものではない

4　情報公開条例がある以上、関係住民の感情に配慮しすぎて非公開とすべきでない（本件文書を非公開とする適用除外項目はない）

5　原判決を破棄する

1994年(平成6年)6月30日　木曜日　朝日　14版　社会　30

安威川ダムの調査資料

大阪府に公開命じる

大阪高裁逆転判決

大阪府の計画する「安威川ダム」（茨木市北部）の建設に反対している住民が中川和雄知事を相手取り、ダムの地質調査結果などの資料の非公開処分の取り消しを求めた行政訴訟の控訴審判決が二十九日、大阪高裁であった。潮久郎裁判長は「調査資料は客観的、科学的な分析であり、公開によってダム建設に伴う調査研究などの遂行上、誤解が生じることは考えられない」との判断を示し、住民側の請求を棄却した一審判決を取り消し、府に資料の公開を命じた。

自治体や国が事業計画を正式に決定する以前の、いわゆる「意思形成過程」の

情報公開をめぐっては、京都地裁が京都府の鴨川ダム計画の候補地に関する資料の公開を命じたが、上級審で住民側が逆転敗訴している。住民側はこの日の高裁判決を「計画策定段階での住民参加を後押しする画期的な判決」と評価している。

訴えていたのは茨木市南安威二丁目、府立高校教諭で「安威川ダム反対市民の会」事務局長の江菅洋一さん(四三)。江菅さんは大阪府が計画する安威川ダムの建設に対し、「ダムサイト予定地付近には活断層が存在し、ダム崩壊の危険性もある」として、一九八四年に府公文書公開等条例に基づき、府が地質調査専門会社に委託して実施した調査の報告書などの公開を請求した。府は大半を非公開とし、江菅さんが異議を申し立てたが棄却されたため、八五年六月に非公開決定の取り消しを求める訴えを起こした。

この日の判決で潮裁判長は、調査報告書について「専門家が調査した自然界の客観的、科学的な事実、分析であり、それ自体、ダム建設に伴う調査研究、企画などを遂行するのに誤解を生じさせるものとは考えられない」とした。さらに、地元対策とダムの調査や設計は別の手続きであるとし、「公開によって関係者の間に不安が広がり、地元の協力が得られなくなる」とする府側の主張を退けた。

判決について、大阪府は「誠に厳しいものと受け止めている。判決の内容を精査し、今後の対応を慎重に検討したい」としている。

平松毅・関西学院大教授（憲法）の話　自治体の計画段階の事業の資料について、客観的、科学的な事実は公開すべきだと明確に述べた判決は初めてで、意義は大きい。客観的データや専門家の高度な推論などは公開が原則だ。欧米のほとんどの国でこの判断基準が採用されており、日本でもこれを機会に定着してほしい。

昭和の裁判を振り返って

公開請求して、部分公開処分・異議申立・地裁提訴と敗訴・高裁控訴と勝訴・最高裁勝訴判決にたどりつくまで11年間の時間経過があった。大阪府によるダム建設事業はこの間にも粛々といや活発に推し進められ続けた。

情報公開裁判勝訴確定の結果、公開された11年前の内容は、もはや私たちが有効に活用するにはあまりにも陳腐化したものであった。一方、大阪府は、遮二無二ダム事業を推し進めた結果、建設事業から引くに引けない状況となっていった。

逆に、調査の結果明らかになったダム建設の弱点については、対処策を考え、カネ（税金）に糸目をつけず地元懐柔のための補助金バラマキや土木工事の追加発注等により、一般の公共事業と同じように「小さく産んで大きく育てている」。

3　安威川ダム建設公金支出差止訴訟【平成の裁判】

大阪府の住民であり、安威川ダム建設予定地及び安威川周辺に居住するもの4名が、２０１４年2月、大阪府知事松井一郎を被告として、安威川ダム建設事業に関する公金の支出、契約の締結又は債務その他の義務の負担差し止めを求める住民訴訟を大阪地裁に提訴した。

請求の理由は、安威川ダム建設事業は、災害を防止するどころか人災を誘発しかねない危険な計画である。河川法第1条の目的に合致しない違法な事業である。しかも、何らの実効性はなく、地方自治法第2条および地方財政法第4条に違反する違法な計画である。そして、安威川ダム建設について以下6つの問題を指摘した。

① 安威川ダムサイトの、近傍には、我が国最大級の活断層帯有馬―高槻断層帯及び近縁には、馬場断層・安威断層・真上断層・箕面断層をはじめとする多数の活断層に囲まれた危険地帯である。

② 風化の進んだダムサイトの岩盤は、ダムの地盤としては脆弱であり、ダム建設には不安定で不適切なものである。

③ ダムサイト内には24本の断層が複雑に入り組んでおり、安威川ダムがロックフィルタイプであるが故に、ダムを崩壊させる危険性が大きい。

④ 近傍の活断層の活動による「誘発地震」でダム堤の崩壊を招く危険性が大きい。

⑤ 治水対策としてダム案の採用にあたり、他の治水方法の充分な比較検討をおこたっている。

⑥ ダムの効用について、過大に評価しており、裁量権を濫用している。

すでにダムの本体工事が着手されている、悲観的進捗状況下ではあるが、私たちの姿勢は「やるべきこと、できることは、すべてやる！」で裁判にとりくんでいる。

第3節　公文書管理のあり方について＝歴史は繰り返される

1　府議の手元にあった、驚くべき「実録版」会議録

部分公開処分の異議申立をしている最中の1985年12月、大阪府が、ダムサイトの地権者の地元自治会に対して、地質調査結果と地質総合解析についての説明会を開催したことを知った。それに先だって大阪府は、「現地取材はしないこと、記事にしないこと」を条件に、地元記者クラブに資料を配布して説明していたのである。

この事実を翌1986年早々に知った。私は、地元府会議員を通じて資料を入手することに取り組んだ。茨木市選出のダム推進派の府会議員に頼みに行くと、議員の元には府の出先機関から資料が届けられ、説明があったという。議員は「すでに地元説明会や記者発表も終わっていることから隠す必要もない内容だ」と、資料をコピーさせてくれた。

2　ダム反対の府議には資料を渡さない

一方、私の仲間は、隣の高槻市選出の府会議員にも資料の入手を頼んだ。ところが、この府議

が府土木部に資料請求すると、きっぱりと断られたという。その理由は「地元でない」。しかしそれは表向きの理由である。高槻市も安威川ダム建設では関係自治体として加わっているからだ。本当は「ダム反対議員」ということが提供拒否の最大要因とみられた。

行政にとって都合のいいところには、都合のいい情報をどんどん提供する。不都合な相手には情報を渡さない。日頃は「府民の代表の議員先生」といっている役人が、平気で府民の代表である議員の府政調査権を拒否する。このような恣意的情報コントロール体質が浮かび上がった。

茨木市議会議員から入手した「安威川ダム対策特別委員会の会議録」には、驚くべき内容が書かれていた。その会議録は茨木市議会事務局作成で特別委員会委員の手元資料として作成した、委員会所属委員（暫定）版、「実録版」である。市議会事務局が作成し開架公開されている、公式の会議録「正規版」には記載されていない大阪府職員の出席者名や、「正規版」で「休憩中」として空白となっている部分に「実録版」では質疑のやりとりが記録されていたのである。

3　「暫時休憩」中に実質審議

１９８５年5月20日（月）に開催された特別委員会の「（1）安威川ダム建設計画の現状と今後の進め方について」という会議の協議事項とその経過が記されている。「正規版」会議録は時間にして57分、９ページ。一方の「実録版」会議録は会議時間１６４分、21ページ。開議から散会までの内、正規版に記載されていない部分は65％、１０７分にのぼる。

委員長が「暫時休憩」と宣言するとその間の議論は、「正規版」議事録に残さないという議事運営が行われていた。「実録版」を公開請求してみたが、「不存在」とされた。市民の財産である情報（質疑・審議内容）が一方的に隠蔽・カットされているのである。

「実録版」によると、1985年5月20日の安威川ダム対策特別委員会「（1）安威川ダム建設計画の現状と今後の進め方について」の以下のような時系列である（「休憩中」の質疑項目は太字で示した）。

時系列

10：02	委員長　開議を宣す
（7分）	市長　あいさつ
10：09	休憩
（5分）	**大阪府側の出席者の紹介とあいさつ**
10：14	再開
（25分）	委員長と委員の発言
10：39	休憩
（53分）	**府職員と委員との質疑・応答**
11：32	再開
（2分）	
11：34	休憩
（45分）	**府職員との質疑**
0：19	再開
（23分）	議事運営の協議
0：42	休憩
（4分）	**運営についての異議発言**
0：46	再開
	委員長　散会を宣す
0：46	散会

「正規版」会議録では太字部分は空白となっている

4　情報公開制度の趣旨を逸脱した大阪府幹部職員の発言

「実録版」の会議録にあった「休憩中での質疑」は次の通りである。

（1）まず、大阪府公文書等公開条例について大阪府土木部河川砂防課長の発言。

「情報公開について（昨年）10月1日に大阪府の情報公開の条例が施行されたが、全国的な制定の状況は、都道府県では6、市町村では19団体施行している。その内容についてはほとんど大同小異となっている。この条例の本質的なものは、情報の公開が府民の府政への信頼を確保するものとなるものであり、それによって府民生活の向上を満たす基礎的な条件のできるものであり、民主主義の活性化ができるという位置付けをしている。また、府が保有する情報は本来すべて府民のものであり、これを府民とともに享有することによって府民生活と人権を守り、豊かな地域社会の形成に役立てるものであるということが基本となっている。ただ、個人のプライバシーについては、最大限に保護しなければならないということもうたっている」

ここまでは、条例制定の趣旨を完璧に理解しているが、その後は、いただけない。

（2）「この条例が10月1日に施行されると同時に、現在までに大阪府が行った地質調査の資料、また、地元と結んだ覚書の公開請求が茨木市民の江菅さんより出てきた」（＊傍線筆者）

請求者のプライバシー保護は全く念頭にないらしい。請求人の個人情報は保護すべき情報公開制度の根幹をゆるがす発言である。それでいて、プライバシーを口実に役人の氏名を非公開（墨塗り）にしている。

（3）「われわれとしても初めてのことであり検討した結果、請求の内の実質的なものはほとんどど拒否した。公開しない最大の理由は、個人の土地を調べたものであり、個人のプライバシーにかかわるもの」「調査段階であり、我々の意思形成の過程上にあるということから拒否した」「個人の土地を調べたらプライバシーを侵すから」非公開にすると、防災に必要なハザードマップは公表できなくなる。「意思形成過程を公開すると自由闊達な議論が妨げられる」とは、独断専行の行政姿勢を正当化する理由に加えて、公開されると露見する関係者の不見識や、御用学者の無責任な「チョウチン発言」を覆い隠し、さらにはこうした委員を選任した役所の任命責任に免責を与えるものことにほかならない。

（4）記者クラブとの癒着関係を吐露した？

「我々が、北摂記者クラブに行き説明をした。その際、これは地元にだけ説明するのだから、公表しないでほしいとお願いし、ふせてもらっていた」

「5月15日の1時半に北摂記者クラブで発表せよということになり、みなさんや地元にも十分説明する時間がなく発表した。単なる地質調査結果を一応発表したが、その結果ダムは可能かとたずねられ、可能と言わざるを得なかった。この機会をとらえ、多少皆さんに迷惑をかけるが、ダムは可能だと言い切って、それによりダムの進捗を一層図っていきたいと判断した。いまさら、今後さらに検討するということは言えない段階であった。みなさんに十分説明する余裕もなく、独断でやったことを申し訳ない」（＊傍線筆者）

役所のメンツばかり重視し、独断専行に走った姿勢が記録されている。大阪府が取り組むべきは、適正な洪水量の把握と適切な治水手法を市民も交えて検討し知恵を出すことであったはずである。私の公開請求に対し「府が保有する情報は、本来すべて府民のものである」という条例の趣旨を一顧だにしていない。
(5)1985年8月30日(金)開催の同委員会会議録は、正規版と実録版ともに15頁で内容に差異はなかった。大阪府側の出席者がなく、休憩中審議の必要がなかったためであるが、この会議も委員長判断で傍聴は不許可であった。会議録には「傍聴の申し出があったが、今日は事務的なことであり、地元との関係もあるので、私の判断で傍聴を認めなかったので、よろしくお願いしたい」とあった。
茨木市長の発言にも情報公開制度の趣旨を理解しているとは言い難いものがある。

「ダムサイト予定地の地質総合分析結果が、関係地区の皆さん方への十分な報告や承認を得ないままで、大阪府において『公文書等公開条例』に基づき公開されるという、誠に残念な結果に現在立ち至っている。……その善処を府に要請し、抗議し、また、対策を求めていかなければならないと私個人、また、市としても考えている」(1968年の特別委員会会議録実録版)

第4節　今を生きることは今の歴史を作ること

(1)正規の記録を残さず、情報提供先を恣意的に選別する行政の姿勢は、市民的権利を阻害し公平性に欠ける対応である。休憩中に繰り広げられる議員のごり押し、職員の「忖度」などの真実が休憩中として記録を隠蔽する行政や議員の姿勢は、「事実を記録して残す＝歴史をつくる会議録の重要性」を認識していない。要するに、役人も議員も、同じ穴のムジナで、行政と議会のなれあいがあり、そして市民・国民もこんな役人・議員に無関心という民度の低さがある。

（2）情報公開法や公文書管理法ができたといっても、「国民主権に則る」「公文書は国民共有の知的資源」といった理念は無視され、この国の統治の姿は少しも変わっていない。公開請求者のプライバシー侵害、恣意的な情報隠し、記録を残さないやり方は、財務省の文書改竄、防衛省のPKO文書廃棄など連綿と続いている。

例えば、野田聖子総務大臣が請求者の個人情報を漏えいし、「こんなことは、常にあること」と述べた。人権侵害に無頓着な政治家の意識は40年前と変わっていない。

（3）「総理夫人案件」である森友学園国有地払い下げ事件は、財務省の「ノリ弁文書公開」から始まった。「総理案件」の加計学園獣医学部の設置認可の「忖度」疑惑とともにそれを隠蔽しようと、公文書の「廃棄」「改ざん」を行った。さらには、公文書管理の改革と称して、真実を記録した公文書は作成しないという欺瞞的な「改革」がまかり通る。今も昔もこの40年間、情報公開制度の立法趣旨を画餅にしているのが実態である。

今を生きるということは、今の歴史を作るということであり、文書・記録を作ることは、今の歴史を後世に残すことである。公文書管理の根本を肝に銘じるべきである。

第5節　提言

これからの情報公開制度と公文書管理制度の拡充について次のように提言したい。

1　公共事業の撤退ルール＝デュープロセスの確立を

無駄な公共事業等の差止裁判では、計画によほどの齟齬や違法性がない限り、司法は差止めをみとめない。前例踏襲・事なかれ体質・行政の裁量重視の体質により司法は市民にとっては身近な存在となっていない。

事業体が好き勝手できないような公共事業の要件を定め、逸脱した公共事業は速やかに中止・撤退する少なくともガイドラインは定めるべきである。

2　情報公開・公文書改ざん等に罰則規定の導入を

民間人や民間事業体を規制する法令には、必ずといえるほど、罰則規定が定められている。公務員を対象とする法令においては、ほぼ罰則規定が定められていない。なぜか、行政が当初から法令を守る気がないからである。

自分の手足を縛る法令をつくらない所以である。議員立法という手もあるが、議員さんも自分の手足を縛る法令には手をつけない。まさに行政や議員のやりたい放題である。民主政治は今やまさに公務員個人の倫理観・良心に依存する事態となっている。

3　現状をかえるために「ぶつかり合い」を

民主社会においては、市民と行政が同質・同量の資料や情報を基盤として、よりよき施策を協働して充実させる。行政と市民とは、お互いに変革し合うものであり完成図はない。その変革を連続していく中から真の民主社会が構築されてくる。市民が現状を打破するためには、まず行政とぶつかり合うことから始めねばならないのが現実である。

私は、民主社会を体現するために、これからも情報公開制度を推し進め、市民の「知る権利」を成就されるために権力とぶつかり合う努力を続けるつもりである。

【参考文献】

・松永俊男・野村孜子『それいけ！情報公開』せせらぎ出版、１９９２年
・大熊孝・姫野雅義ほか『川辺の民主主義』アットワークス、２００８年
・横畑泰志・田口康夫『生きものバンザイ』アットワークス、２０１１年

第3章　学んで実践——知る権利の侵害は甘受しない

橋本杉子

守口・情報公開を学ぶ会は1998年4月に発足。大阪府守口市のコミュニティセンターに集まった市民が情報公開制度の学習・制度の改善要望・市民への周知・制度の活用を通してまちづくりや行政監視・議会改革などに取り組んでいる。その中から3つの情報公開訴訟を報告する。

第1節　情報公開法を理解していなかった環境省

1　東日本大震災がれき広域処理受入で2度の全国調査

2011年3月11日に発生した東北地方太平洋沖を震源とするM9・0巨大地震は、甚大な津波被害と原発の過酷事故、およびそれによる放射能汚染をもたらした。そして、被害の大きかった東北3県（岩手・宮城・福島）には2200万トン余りの災害廃棄物（がれき）が生じた。

環境省は宮城・岩手2県の震災がれきの一部の広域処理の方針を決め4月8日付で受入れに関する全国自治体調査をおこなった。この時はまだ環境省にも自治体にも、両県のがれきが放射能汚染されている可能性についてあまり認識はなかったようである。調査結果は、公表を承諾した自治体名入りで週刊誌『ＡＥＲＡ』８月８日号に「国が主導する放射性物質の『２次拡散』『汚染がれき』が拡散する」と大きく特集記事で報じられた。７月に放射能汚染された稲わらをたべた牛の肉が全国に流通していたことが判明、西日本でも処理の安全性を疑問視し、震災がれきの受入れに反対している母親たちの声が冒頭に紹介されていた。

４月時点ではがれき受入れに前向きだった自治体が、住民の抗議や苦情を受けるなどして相次いで受入れしない方向を示した。東京都の他は広域処理が進まない事態に焦った環境省は、10月7日付で被災自治体と受入れ自治体の具体的なマッチングのために2回目のがれき受入れに関する全国自治体調査をおこなった。この2回目の調査では、受入れに前向きな自治体数が1回目に比べ激減したことが、その後私たちが起こした情報公開訴訟の中で明らかになった。

私の住む守口市では幼い子どもをもつ母親たちが震災がれきの受入れに反対し、市長に陳情書を提出。守口市は、第2回自治体調査の後の12年1月1日号の市広報１面に市民の安心・安全を第一と考え、震災がれきの受入れは困難とする方針を明示した。

２　大阪府は全部公開、環境省は自治体名などを不開示

私たち市民サークル守口・情報公開を学ぶ会では、環境省がおこなった4月と10月の２度の調査への大阪府内自治体の回答内容を知ろうと大阪府に行政文書開示請求をし、全部開示された情報のうち各市町村の担当情報を活用して、２０１２年1月25日時点の府内全市町村の震災がれき受入れの意向を電話で聴き取り調査し、その結果を会報の『もりぐち情報公開ニュース』に載せ

た。ニュースは、放射性物質のほかにも有害物質を含んでいるとみられる震災がれきの移動・焼却処分には慎重であるべきと考えている旨を書き添え、府内各自治体担当課に送った。

さらに2012年3月1日には、全国の自治体の震災がれき受入れ検討状況を知ろうと、情報公開法に基づき、環境大臣に対し「平成23年10月に環境省が実施した東日本大震災により生じた災害廃棄物の受入検討状況調査に係る起案及び結果文書一切」を開示請求した。決定期間延長を経て5月1日付で部分開示されたが、大阪府が全部開示だったのに対し、国の方は、都道府県名・市区町村名・施設名・担当者の情報を開示しなかった。

その理由は「公表しないことを条件に調査を実施したものであり、公にすることにより、地方公共団体内部における検討に不当な圧力が加えられ、率直な意見の交換もしくは意思決定の中立性が不当に損なわれるおそれ又は不当に国民の間に混乱を生じさせるおそれがあり、法第5条5号に該当するため。また、これらの情報が公になることにより、地方公共団体の行う廃棄物処理事業に対し、不当な圧力が加えられることにより、当該事業の適正な遂行に支障を及ぼすおそれがあることから、法5第条第6号柱書きに該当するため」であった。

3　「公表しないを条件に調査」「不当な圧力」って？

いくつも疑問な点があった。まず「公表しないことを条件に調査をしたから」という点が変であった。確かに、開示された起案に付いていた環境省廃棄物対策課から関係都道府県廃棄物行政主管部への災害廃棄物受入検討状況調査についての依頼文の最後の方に「なお、本調査の結果に

守口・情報公開を学ぶ会の結成集会（1998年４月）

ついて、個別の地方公共団体名は公表しないこととしています」と書いてある。しかし、国と自治体との間のいわゆる「非公開約束」について情報公開法は不開示事由に規定していない。そんな理由を認めたら国は公開したくない自治体情報はすべて「非公開約束があるから」としてしまうからである。大阪府では、ほぼ同内容の開示請求に対し、府の情報公開条例の不開示事由に該当するものはないとして全部開示した。開示後に府の担当者に確認したが、国のいうようなおそれは「まったく生じていない」であった。

不開示理由の「不当な圧力」とはいったい何だろうか？　巨大地震・津波による世界でも例のない原発事故に起因する放射能汚染の影響は国民の間に広く懸念されていて、放射能汚染の可能性がある広域処理対象の震災がれきの受入れ（一般廃棄物としての焼却処理・処分）については賛否両論が存在している。受入れに反対する住民が自治体に対し、反対の意思表示をすることはなんら不当なことではない。環境省の自治体調査の回答内容は、住民にとって健康・生命の安全にかかわる重要な情報である。自治体の震災がれき受入れの決定に当たっては、住民も検討段階から意見表明ができるよう、その判断材料となる情報を国は隠さずむしろ積極的に公開すべきである。自分が住んでいる自治体がどんな検討をしているのかさえ、この一部開示決定文書からは知ることができない。

そもそもが、情報公開法第1条でいうように国の行政情報の公開は「国民の的確な理解と批判の下にある公正で民主的な行政の推進に資する」目的を有するのであり、公開によってさまざまな議論が巻き起こることは、民主的な行政の推進のためにはなんら不当な事態ではない。公開しないことは、国民の的確な理解と批判をはじめから妨げ、同法の目的に反しているといえる。

4 「裁判所に判断してもらおう」

一部不開示の決定通知を受け取った約2か月後、環境省の廃棄物対策課に電話で「今、再度開示請求したら開示しますか？　環境省の広域処理情報サイトで、がれき受入れ表明自治体情報を公表していますが」と尋ねたところ、「開示しません。不開示の直接的理由は、『公表しません』ということで協力依頼したからで、自治体との信頼関係もあります。同内容の請求は読売新聞からもありましたが、開示決定については同じ扱いをしています。このことに対しては読売からは何も言ってきていません」と言う。請求者情報を漏らすことも問題だが、環境省の一部開示決定は間違いである。これをそのままにしておくことは、知る権利の侵害を甘受することになると考えた。

読売新聞はその後、何の対応もとっていないと聞き、「では、私たち市民が裁判所に環境省の不開示理由の是非を判断してもらおう」と「学ぶ会」として全部開示を求め２０１２年10月３日、大阪地裁に提訴した（提訴後に原告適格の点から、原告は「学ぶ会」から代表の橋本に変更）。

5 大阪地裁の開示命令が確定

大阪地裁は、２０１４年12月11日の判決言渡しで、原告の請求内容を全面的に認め、被告の国

（環境大臣）に不開示部分の開示命令を出した。その後、被告側からの控訴はなく、この原告勝訴の地裁判決が確定した。

判決文の中で私が注目したところは、法5条5号の審議検討情報の開示に際しては、裁判所は、開示の利益と最終的な意思決定前の情報を開示することの支障を比較考量した上で、「情報公開法の『国民主権の理念にのっとり、行政機関の保有する情報の一層の公開を図り、その諸活動を国民に説明する責務が全うされるようにするとともに国民の的確な理解と批判の下にある公正で民主的な行政の推進に資する』という目的にかんがみると、広域処理の必要性が存する一方でがれきが放射能汚染されている可能性に対する住民の不安等に照らせば、本件回答文書中の地方公共団体名、施設名、担当情報を不開示とする不利益は大きい」と説示しているところである。法の目的を正面に据え、放射能汚染の可能性とそれへの住民の不安を軽視してはいない。国と住民との関係において、情報公開法の存在意義を明確に示したものと私は受けとめた。

また、不開示情報の公表は、住民に対する正確な情報提供や住民との十分な意見交換を妨げるとの被告の主張に対しては、「法の目的や本件不開示部分に係る情報の重要性等にかんがみると、災害廃棄物の受入れに対する反対意見が想定されるような場合に、より一層正確な情報提供や十分な意見交換が必要となるものであって、地方公共団体としては、脅迫等に対しては厳正に対処しつつ、反対意見の存在を前提として住民に対して説明する責務を負うものであるところ、不開示部分が公表されることによって被告がいうような事態に陥る具体的なおそれがあったとは認められない」と国側に説諭した。裁判所に「よく言ってくれた」と感謝したい気持ちであった。

6　東京都は受入れ公表後3000件の問い合わせに対応

実際、本件調査の回答についての開示請求に対し全部開示した東京都の担当者に電話で聴き取りをすると、「平成23年9月に岩手県と災害廃棄物の処理基本協定を締結したことを公表したときには、公表後1週間で約3000件の問い合わせが来た。そのような意見が来る事態は予想されていた。受入れを始めた11月、12月中、問い合わせは日中続いていたが、それで混乱が起きたとか大きな支障はなかった」と答えていた（原告陳述書から）。

自治体職員と国の職員の、住民・国民への説明責任に対する意識の差が本件訴訟を通じて感じ取れた。反対意見が想定されるような場合に、より一層正確な情報提供や十分な意見交換が必要となる、このことは国と地方自治体の別なくあらゆる行政課題についていえることである。

環境省が、2回目調査の自治体名等を不開示とした一番の動機は、週刊誌『AERA』に1回目の調査結果を大きく報じられたからだということは、私も同記事を読んだときにそうではないかと直感した。調査結果を公表すると、受入れに前向きな自治体に反対意見が殺到し、広域処理が進まず環境省としては困ったことになると。被告側は、同誌の発売後、それまでがれきの前向きな受入れ検討表明をしていた自治体が住民等からの反対意見等が寄せられたことで受入れをしないと表明した事例を集めて証拠として提出した。

裁判所の判断は「1回目の調査時には、放射性物質による汚染の可能性やそれに対する住民の不安を考慮せずに前向きに受入れの回答をした自治体が相当数あったが、その後汚染の可能性を指摘する報道等（AERAもその1つ）により、2回目の調査ではそれら汚染の可能性や住民の不安等に考慮し、受入れに前向きな回答をする自治体が大幅に減少したものと解され、第1回調査結果の公表が地方公共団体内部における率直な意見交換等を十分に行うことが妨げられ、意思決定の中立性が損なわれた結果とまではいえない」というものだった。

7 「公表しません」と書いたことに尽きる

この訴訟過程を通じて一番印象的だったのは、被告の国側の証人として出廷した廃棄物対策課の2人の職員の証言であった。本件一部不開示決定には関わっていないが2度の自治体調査に関わっていた。そのうち、環境省の広域処理情報ウェブサイトも担当していた職員は「ウェブページ上の『検討する』に掲載された自治体が、10月時点では『検討していなかった』という情報が公表されることによって何か困ることはあるのか」との原告代理人弁護士の問いに、「平成23年10月の調査につきましては、自治体名について公表しないという約束で調査を行っておりまして云々」と答え、「要するに2回目の調査結果は、調査に当たって、公表しませんと国が言っているから公表できないに尽きますか」との尋問に対し「そのとおりだと思います」と答えた。さらに「公表しませんと書いて調査したので、公表できないということに尽きるわけですね」とダメ押しすると「はい、そうだと思います」と素直に証言した。これには、傍聴席がざわめいた。

環境省の職員は、開示請求に対し、情報公開法の不開示条項に基づいて開示・不開示の判断をしたのではなかったのか、結局そこだったのか、と私もあっけにとられてしまった。大阪府と東京都の他に、私は訴訟の過程で、神奈川県・静岡県・滋賀県・京都府・奈良県・和歌山県・兵庫県・鳥取県に対し、同内容の公開請求をしたが、個人のメールアドレス部分のみ非開示とした京都府内の一自治体の担当情報を除き、7県は県内自治体の回答内容をそれぞれの県条例に基づいてすべて開示した。

本件訴訟で、国と地方自治体の情報公開に対する理解や認識の差が図らずも露呈したと感じた。

8 文書番号もない保存期間1年の事務連絡文書

さて、「調査結果は公表しません」として調査依頼をした結果はいかなるものだったのか。

大阪地裁判決を受けて、環境省からは全部開示の決定通知書が速達で届き、私がＤＶＤでの開示を希望すると、開示文書の写しを収録したＤＶＤが速達で届いた。都道府県の回答率は70％弱。２０１２年10月時点での調査結果からは、国の震災がれきの広域処理体制構築に対する全国の自治体担当者らのそれぞれの受け止め方や考え方がわかる。それらは国の震災がれき広域処理事業の検証としてだけではなく防災・危機管理情報としての資料価値がある。環境省の調査結果から汲み取れるものはさまざまあるだろう。震災がれきの広域処理は終わっても、原発事故による放射能汚染は続き、避難指示区域の7市町村で避難中の人は約6万人（２０１８年9月時点）もいるのだ。一方、西日本では原発の再稼働が相次いでいる。

最後に、本件開示請求対象文書は、保存期間1年で文書番号も附番されていない事務連絡文書であることが起案からわかった。訴訟を起こさなければ、その情報内容は震災がれきの広域処理事業が終了する２０１４年3月以前に失われていた。歴史的大災害である東日本大震災に関する公文書はすべて未来の人々のために残すべきだという意見がある。公文書管理法（２０１１年４月１日施行）があるのに、閣議や原子力災害対策本部などの議事録が作成されていないことがわかった。そして、いまだ閣議等重要会議の議事録作成義務や原則公表を明記する等の公文書管理法の改正には至っていない。公文書の保管・保存はどうあるべきかを本件訴訟を１つのきっかけに私も考え続けている。

第2節　守口市が隠し続けた新庁舎用ビル購入前の「もう一つの覚書」
――条例に規定のない「存否応答拒否」、条例改正後は「任意提供情報」で

1　情報公開条例改正のパブコメが唐突に始まった

２０１３年10月24日付毎日新聞に「パナソニックが三洋本社ビル売却へ守口市などと交渉」のニュース。ちょうどその日は、守口・情報公開を学ぶ会（学ぶ会）が「市民参加のまちづくりと情報公開」をテーマに、市長ふれあいタウンミーティングの開催申込書を市役所の窓口に提出した日だった。

情報公開法よりわずかに早く成立した守口市の情報公開条例は、当時市民オンブズマンの大阪府内の自治体の情報公開条例内容ランキングでは最下位で、「学ぶ会」がたびたび要望しても１９９９年10月1日の条例施行以来、一度も改正されないままだった。では、タウンミーティング制度を利用して、市長と直接条例改正について意見交換をと考えたのだ。

ところが、その後窓口担当職員とタウンミーティングの打ち合わせをする中で、市広報での告知もなしに唐突に、守口市が情報公開条例の改正（案）についてのパブリックコメント（意見公募）を11月15日から始めていたことが判明。しかも、改正案の内容をきちんと提示しないままに、意見を求めるという粗雑さだった。公開請求して調べてみると、同パブコメ実施の起案・決裁は前日の11月14日。不自然なほどの性急さは、タウンミーティングでの条例改正の質問や意見への機先を制する狙いだったのか。

11月27日のタウンミーティングでは、20人ほどの参加者を前に、市長のほか関係の部課長8人が並んだ。冒頭の説明で市長が「私は、まちづくりなどの行政運営を推進する上で、根幹となるものは市民の方々と知識を共有することであり、その手法として情報公開制度があると考えています。今後の守口市のまちづくりには積極的な情報公開が必要であり、これらを強力に推進するために条例の改正を指示しました」と言い切ったことが印象的だった。「三洋本社ビル売却守口市などと交渉」の新聞記事に関する質問に市長は、「パナソニックが資産の処分方針を発表されたもので、守口市はそこまでの話はしておりません」と回答した。新聞報道では交渉に入ったと書かれていたが、交渉自体を否定しているととれた（タウンミーティングの会議録は守口市のホームページに掲載）。

2　三洋電機本社ビルの売買交渉の覚書

守口市の旧庁舎は、築後60年が経過し、老朽・非耐震・狭隘・分散など機能と安全性に難があった。多額の費用を要する新庁舎の整備は、市民から見ても大きな問題だった。財政難からなかなか進まなかった庁舎整備についての内部検討会議が設置されたのは9月。10月の三洋本社ビル売却に関する新聞報道では、売却額は30億から数十億円まで各紙にバラつきがあった。そんな中、守口市とパナソニックとの間に覚書があるという声を聴き、公開請求してみた。これは不存在だったので、12月16日付で「パナソニックまたは三洋電機との間で取り交わした覚書」で公開請求してみたところ、「請求に係る公文書の有無が実質的に法人の事業に関する情報、及び事務事業に関する情報と解されるため、存否自体が非公開になります」という理由で非公開とされた。

3 守口市情報公開条例に「存否応答拒否条項」はない

当時の守口市情報公開条例には存否応答拒否条項はないのだから、「当該情報が存在するか否かを答えない」という対応はおかしい。それに、法人事業情報というだけでは「理由付記の際にはより具体的にわかりやすく記載するものとする」（守口市情報項公開制度手引書）に照らし不十分だと、異議申立てをした。守口市情報公開審査会の答申は、「条例に規定はないが、当該情報の存否を答えると非公開情報の規定により保護される利益が害される場合には、文書の存否を含めて条例にいう非公開情報に含まれると解するのが相当。本件公開請求の内容は、特定法人の資産等の交渉、渉外に関する内容であり、交渉行為、渉外行為があるか否かを公開することは、当該法人等の関係者に不信の念を抱かせ、信頼協力関係を損なうことになり、当該法人等の今後の事業運営上不利益を与えるおそれがある」として非公開妥当とした。

4　勝訴判決でも、公開義務付け認められず

処分庁の弁明をほぼそのまま引き写しただけの審査会の判断と処分庁の再度の非公開決定には納得できなかったため、２０１４年9月19日、大阪地裁に非公開決定処分の取消しと公開義務付けを求め提訴。約1年後の２０１５年9月16日下された判決は、取消し認容、公開の義務付けは棄却だった。理由は、存否応答拒否は（旧）条例下ではできないものと解すれば当然違法である。し、できるとしても①存否を答えることでパナソニック等の事業活動に現実に不利益を与える蓋然性が具体的に認められるとはいえない。②本件の存否に関する情報は実施機関内部又は機関相互における情報ではない。仮に該当したとしても、存否の公開により公正かつ円滑な意思形成図れないものとは容易に認めがたい。③本件非公開決定時にはすでに複数の新聞が売買交渉について報道し、売買交渉は必ずしも内密に行われていたものではないから、事務事業の執行に支障を及ぼす具体的なおそれがあったということはできない。最終的合意の成立が困難になったことをうかがわせる証拠はなく、むしろ売買の仮契約書作成に至ったという事情に照らせば、本件非公開決定時点においても存否を明らかにしたからといって、事務の執行に著しい支障を及ぼすおそれがあったとは認められない、と取消しの判断理由は丁寧に書かれていた。しかし、残念なことに、公開義務付けについては対象文書が存在することを認める証拠はない、として棄却された。

5　覚書は存在するが、新条例により非公開

地裁判決後、控訴しなかった守口市に対し、改めて私が「覚書」の公開請求をしたところ、な

んとまたしても非公開決定通知書が送られてきた。今度は２０１４年７月１日施行の改正条例に基づき「公にしないという条件で取得したものであり、通例として公にしないとされているもの」という理由である。法人情報も意思形成過程情報も事務事業情報も非公開理由にはならないと裁判所に退けられたあと、新たに出してきた非公開理由はいわゆる「非公開約束」のもと「任意提供」された情報であったからというものだ。

しかし、「覚書」のような合意文書にそのような条件が付けられるのは極めて不自然ではないか。公開の是非とは関係なく、合意した双方の当事者がその証拠となる書面を保持することは当然だ。２０１６年９月４日に守口市と三洋電機は、三洋電機本社ビルの売買交渉に関する覚書（これは全部公開）を交わし、その年の12月議会で売買契約議案を賛成多数で可決後、三洋電機本社ビルの売買契約の履行は完了しているのだ（土地・建物を合わせて47億５７６８万円、２０１５年２月27日に登記後支払い）。

6　第2次訴訟中に、市は非公開を撤回

私は、やむなく「覚書」第２次訴訟を大阪地裁に提訴。これは、単なる公開したくないがための引き延ばしではないかと訴訟代理人弁護士らも呆れ憤った。なぜ、そこまで隠し続けるのか？

第２次訴訟は、２０１６年10月11日の期日に、被告側は次回12月13日の期日前に守口市の担当者の陳述書を準備することになり、原告側は三洋電機の証人申請の考えを述べ、裁判官の心証形成の核心部分となる非公開理由の是非がようやく明らかになるかとみえたが、事態はその後急転

回をみせた。守口市役所の新庁舎は10月31日に開庁。その1ヶ月後11月30日付で、「非公開決定の撤回について」と題する通知書と三洋電機の印影部分を除く部分公開決定通知書が送られてきたのだ。撤回通知書には「その後の事情の変更により」と書かれていたが、公開請求した撤回通知書の起案や被告準備書面によると、三洋電機との間で売買契約の締結・履行が完了していることや本件行政文書記載の合意の日から既に3年以上経過したことを考慮し、11月1日に三洋側に本件訴訟の経過説明をした上、本件文書内容の公開の可否について協議したところ、11月7日に本件行政文書を公開しないとの約定を解除し、公開することを了承する旨回答を得たとのことであった。

7　起案文書は「覚書」の締結日より3か月後

部分公開された「覚書」の内容は3項目で、「本件不動産（三洋ビルの土地・建物）の譲渡に関し、守口市を優先交渉者とする。守口市と三洋電機は本件不動産の譲渡に関する協議を進める。譲渡の時期は、平成26年度以降とする」と書かれているに過ぎない。金額が明記されているわけでも、特別な条件が付されているわけでもない。なぜ、これが公開できなかったのか？

ただ、気になったのは、この覚書締結の起案文書を公開請求したところ、締結日が平成25年7月18日と記載されているのに、起案日は平成25年10月16日、決裁日と施行日は同年10月18日となっていて、書面上の締結日と3か月もズレがあったことだ。情報公開担当課の職員に聞いたが、締結の決裁なしに合意を締結することは異例という。この点については、担当課の説明はない。

私が思うに、庁舎整備検討会議が設置される前に交渉や購入時期に関する覚書の締結があったとなっては「新庁舎整備案は3案と公表したものの三洋ビルありきだった」と市民に不信感を抱かれることへのおそれや、市長ふれあいタウンミーティングで、三洋本社ビルの買い取り交渉はしていない旨市長が発言したことと齟齬をきたすとの考えがあったからなのかもしれない。

8　使い勝手のよい非公開理由に要注意

その後、第2次訴訟の方は、非公開決定が撤回されたことで取消し請求は却下、パナソニックの完全子会社化して5年以上が経つ三洋電機の印影は、公開しても正当な利益を害するおそれはないとして公開を求めるも、法人情報として請求棄却となった。公開されない以上、部分公開された「覚書」は正真正銘の「覚書」ではないかもしれない。が、新庁舎ビルの購入前の交渉過程にあった、いわば「もうひとつの覚書」の存在とその内容が明らかになったのは、情報公開訴訟の結果だ。第2次訴訟で争点となった「任意提供情報」か否かについての裁判所の判断は得られなかったが、今回の2度の訴訟は、新庁舎用ビルの購入という守口市の意思決定プロセスの透明性の向上や検証のためには有意義であった。

２０１４年9月19日の第1次訴訟の提訴から２０１７年6月22日の第2次訴訟の判決日まで2年9か月もかかった「覚書」事件を振り返り、２０１３年11月27日のタウンミーティングで「これからのまちづくりには積極的な情報公開が必要。条例改正を指示した」と言い切った市長さんにも積極的な情報公開がなされたのか、振り返ってほしいと思う。「存否応答拒否」も「任意提供情報」も改正された守口市情報公開条例に新たに盛り込まれた非公開条項だが、これらは、情報公開の実施機関の側にとって使い勝手のよい非公開理由だと私は実感した。これらが不当に使われたとみられたら、面倒でも「知る権利」の侵害の回復を求めていきたい。

第3節　市議会の音声データは「公文書」！　でも「意思形成過程情報」？

1　傍聴を許可されていた議運協議会

これは守口市の新庁舎整備方法決定への過程で発生したケースである。

新庁舎のあり方をめぐって、市長の議会での審議の場設置の求めに応え、２０１５年８月29日から守口市議会議会運営委員会協議会で審議がおこなわれることになった。

２０１６年７月17日午後３時39分から６時05分まで開かれた同協議会では、市が提示した現庁舎の建て替え、市民会館跡地への建設、既存民間オフィスビル（三洋電機本社ビル）の活用の３案について、担当職員から説明を受け、質疑をおこなっていた。

同協議会開会に先立ち傍聴希望の市民２名に対し、委員長が許可。傍聴者は「委員会の傍聴にあたって」というルールを記した紙を受け取り、委員席と説明の職員席の後方に定められた傍聴席に着き協議の様子を見守った。このように協議会は公開されていた。

私はこの時初めてこの協議会を傍聴したが、８月１日から31日まで庁舎整備基本方針（案）のパブリックコメントが実施されるとのことだった。自分の意見をまとめるためにも、守口・情報公開を学ぶ会や他の市民に参考にしてもらうためにも役立つだろうと、協議内容を聴きながらメモを取った。が、最後まで傍聴しないで途中で退出したことや、説明の職員の発言内容が聴き取れなかったところがあり、後日説明していた職員に発言内容を確認しようとしたところ、「会議録ができるまで待ってください」と言われてしまった。

それは困る。会議録ができるのは、通常の委員会では2〜3か月も先なのだ。では、ちょうど7月1日から施行されたばかりの改正情報公開条例に基づいて、会議内容の音声記録を公開請求しよう。電磁的記録も紙に採録された状態ではなく、そのままで公文書の定義に含まれたのだから、2週間もすれば協議会での発言内容を正確に知ることができるだろうと思い、7月23日付で「平成26年7月17日開催の議会運営委員会協議会を録音したもの」を守口市議会議長にあてて公開請求した。

2 「音声データは公文書ではない」と非公開

ところが、予想外なことに、8月4日付で届いたのは非公開決定通知書だった。公開しない理由は、「守口市情報公開条例第2条第2号の公文書に該当しない」。公文書に該当しない理由は「条例に規定する公文書の定義は『当該実施機関の職員が組織的に用いるものとして、当該実施機関が保有しているもの』と定め、『当該実施機関の職員が組織的に用いるもの』とは、組織として利用・保存されている状態となっているものをいい、本件請求対象は、会議録作成のための備忘メモとして録音されたものであり、これに該当しない。また、『当該実施機関が保有しているもの』とは、文書取扱規程に基づき、実施機関が保有及び保存しているものをいい、請求対象については文書取扱規程により保管・保存が定められているものではないため、これに該当しない。よって、請求対象については、会議録を作成するに向けて、その正確性を担保するための補助的手段にすぎないものであり、公開請求の対象となる公文書に該当しないため、公開しないことに決定する」とずいぶんと丁寧に書かれていた。

しかし、補助的手段であろうがなかろうが、録音記録がなければ正確な会議録は作成できず、会議録作成の前段階の音声データの反訳業務は外部に委託されている。契約書・仕様書によると音声データは少なくとも会議録の完成までは保存されているはずのものである。録音記録（音声データ）は公文書でなければ私文書なのか？

3　「録音データは遅滞なく廃棄」されて不存在?!

この非公開決定には新庁舎「覚書」事件の受任をした弁護士も「おかしい」と反応し、こちらの事件も受任してくれ、非公開決定処分の取消しと公開を求める訴状を新庁舎「覚書」非公開事件の訴状とともに２０１４年９月19日大阪地裁に提出した。11月11日付で被告側から提出された答弁書には驚くべき記載があった。

「平成26年7月17日開催の議会運営委員会協議会の会議録は、平成26年8月12日に作成され、その後、同協議会の録音データは遅滞なく廃棄されており、現存していない」と。非公開決定通知から1か月も経たないうちに公文書かもしれないものを廃棄したとは?!　守口市議会議長からの非公開決定通知書にも当然、不服申立てと提訴についての教示が書かれていた。決定のあったことを知った日の翌日から不服申立ては3か月、行政訴訟の提訴は6か月以内に、処分の取消しや公開の義務付けを求めることができるのだ。その結果処分取消しとなり、裁判所から公開命令が出されると非公開文書は公開されることになる。

公開請求者の救済の機会について教示をしておきながら、一方で教示期間内に漫然と廃棄する行為は重過失か、故意に原告の訴えの利益を失わせる行為で悪質だと判断し、国賠訴訟も提起した。2件の請求は併合審理となった。

4　公文書性を認めた地裁・高裁判決

2016年7月14日の地裁判決は、音声データの保管の実態から「職員が職務上作成し、組織的に用いるものとして、当該実施機関が保有しているもの」に該当するから、公開の対象となる公文書と認められる。また、守口市情報公開制度手引書には、事務の中で作成される資料等も公文書に含まれる旨記載があり、会議録が作成されるまでは、担当者個人が本件文書を自由に廃棄することはできないと解されることから、補助的手段に過ぎないことを理由に公文書ではないとはいえない」と音声データが公文書であることを認めた。

しかし、本件会議において傍聴人の録音は禁止されているのは、会議での議員の発言に心理的制限がかかり、率直な意見交換、意思決定の中立性が不当に損なわれるおそれを防ぐ趣旨と解される（議会事務局長の証人尋問では、そのような証言はしていないし、被告準備書面にもそのような主張はないのだが）にもかかわらず、会議録作成の前後を問わず音声データが公開されれば、録音禁止の趣旨が没却され、今後の会議での率直な意見交換等に影響を与えるなどの支障が生じると認められ、「事務支障情報」（高裁判決は「意思形成過程情報」に訂正）に該当するとした。

国賠訴訟部分については、音声データは、補助的手段として作成されるものにすぎないから守口市文書取扱規程が適用されるものではなく、本件文書（音声データ）の廃棄行為は国家賠償法上違法とは評価されないと判断。

教示期間内の廃棄については、不服申立てがなされていないにもかかわらず同期間が経過するまで当該文書（音声データ）の廃棄が許されないことは文書保存期間が不当に長期間に及ぶことになりかねず、そのような解釈は相当であるとはいえない、と何とも理解しがたい判断を示した。

音声データの公文書性は認めたものの、請求対象の音声データはすでに廃棄され、訴えの利益はないとして却下、国賠部分は棄却という地裁の結果を受けて、原告側は控訴して高裁の判断も求めることにした。

5　音声データが先に公開されると会議録の目的が達成されない？

２０１7年3月16日の高裁判決は、音声データの公文書性は原審どおり認定。しかし、公開できないことについてこう述べる。（（　）は筆者が付加）

「本件文書（音声データ）を公にする公益性は高いのに対し、本件文書を公開しても適正な意思決定の確保等への支障なしとする控訴人の主張については、会議録の作成及び公開前に、発言の取り消し及び訂正が反映されておらず、また校正も行われていないままの内容である録音データがそれらが反映された会議録よりも先に公開されることによって、議事内容を公証するという会議録を作成して公開することの目的が達成されないことになりかねず、その場合、不当に市民の間に混乱を生じさせるおそれがあるといえることから、本件文書を公開することによって得られる利益は、会議録作成及び公開の目的が達成されないことになりかねないという支障を上回るものとはいえない。本件会議の会議録の作成及び公開前である本件処分時において、本件文書（音声データ）は意思形成過程情報に該当するというべきである以上、本件処分が違法であったとはいえないから、仮に本件文書が廃棄されていなければ、本件処分に対する処分取り消し請求が認容されるべきものであったとはいえない。したがって、本件文書の廃棄と、控訴人が本件文書について情報公開を受けることができないことによる損害との間に因果関係は認められない」

高裁判決文はさらにこう続く。

「仮に、本件文書（音声データ）が、本件会議録が公表された後は意思形成過程情報に該当しなくなっているとしても、控訴人は本件の会議録公表後には本件文書（音声データ）について情報公開請求をしていないし、非公開処分も受けていないのであるから、本件文書が廃棄されたことによって、行ってもいない情報公開請求の権利利益が侵害されたとか、同侵害による損害が控訴人に生じたとかすることもできない」

また「仮に、本件処分に対する異議申立期間内に本件文書（音声データ）を廃棄した行為が違法であり、かつ、それが被控訴人の故意又は過失によりなされたものであると認められるとしても、これによって控訴人に損害が発生したとはいえない」。

こうして高裁判決は控訴棄却となった。判決内容にはいくつか得心できない点があるが、請求対象の音声データをすでに廃棄していると言っている以上は、取消して公開をとの訴えの利益は逸していることから、上告は見送った。

6 傍聴人と傍聴に行けない人との間は平等であるべき

高裁判決から1年経ち、判決内容を振り返り、議会の会議内容の音声記録（音声データ）の意義はどういうものかと改めて考え、まとめてみた。現在、守口市議会では本会議は公開で、会議内容の市役所内での中継と録画配信（会議録ができるまで）がなされている。各種の委員会や協議会は傍聴が認められて公開されているが、まだ会議内容の中継や録画配信は実施されていない。傍聴席も本会議に比べ少ない。委員会等の審議内容は、多くは本会議での議決に至る意思形成過程といえなくはないが、公開されている以上、会議内容の記録も公開されるはずのものである。そして、現在速記者を用いない守口市議会では、文字の会議録作成のための補助的ではなく唯一の手段が、会議内容の録音記録（音声データ）なのである。

この音声データは、会議の内容そのものであり、傍聴人が聴いた内容と同じである。会議録が作成される前に音声データを聴いた場合、不正確な内容で混乱が生じるおそれがあるというならば、傍聴人の間ですでに混乱が生じているであろう。傍聴人は、議員や職員が言い間違いや不適切な発言をすることがありうることはだいたい承知しているし、音声データの公開の際には、校正前であり正式な会議録ではない旨付記するか口頭で伝えればよいことだ。

私は、傍聴人と傍聴に行っていない人との間で、議会の審議内容を知る機会についてはできるだけ平等であるべきだと考え、「音声データの即時公開（情報提供）が理想」と守口市議会事務局の職員に言った。守口市議会の委員会や協議会の審議内容を遅滞なく知る権利は、具体的に、だれにでも保障されているべきだ。

ところで、これまでに公開されている他市の議会の音声データを私はいくつか聴いたが、大変聴き取りやすく感動した。音声データが文字の会議録より優れている点の1つは、発言者の肉声や長く続く沈黙や笑い声など、会議録には表れない豊かな情報が、審議内容をより理解しやすくすることだ。そして、音声データはより多くの人々が容易に会議内容にアクセスすることを可能にする。視覚障がい者や高齢者、寝たきりの人たちも音声により議会の審議内容を知ることができる。傍聴に行けない大多数の市民は、好きな時間に音声データを聴取することで、議会の審議内容を知り、議会を身近に感じたり、投票行動や行政参加に結び付けたり、活気のある住民自治活動を始めたりすることができるだろう。

7　議会委員会の音声データを毎日請求し公開させたが

音声データはそれ自体が価値のある公文書だと私は考えている。とりあえず、高裁判決で音声データは公文書と認定された事実を現実の守口市の情報公開制度の運用に定着させる必要がある。高裁判決に沿うならば、会議録作成後、意思形成過程情報に該当しなくなった音声データなら必ず公開されるはずと考えた。

議会事務局は、会議録作成日をホームページなどで告知しておらず、市民はいつ会議録が作成され、音声データが廃棄されるかはわからない。そこで、確実に音声データを入手するため、やむなく毎日、ＦＡＸを使って同一の委員会の音声データの公開請求を続けることにした。そして、ついに今年７月17日付で初の音声データの公開決定通知書が来た。今年３月12日の委員会開催日から４か月余り後のことだった。

これは会議録の作成と公開にも４か月かかっていたということだ。なぜここまで日数がかかるのかは改めて検証したい。


現在、公開された音声データと会議録を照合し、その相違部分を検証中である。中には、会議録に反訳の誤りとわかる言葉もあった。

今後は、公文書が現在のみならず将来の市民の財産でもあるという視点から、議会の音声データの適正な管理について、公文書管理条例などで法的に明確な位置づけを求めていきたい。

投稿　ある富田林市議の行状（南河内市民オンブズマン　中山佑子）

大阪府富田林市民の中山佑子さんは、政務活動費を使って自分の名前入り「交通安全看板」を路上に設置したある市議が市職員を引き連れ、包丁を持ってテレビ局に押しかけて逮捕される顛末を４コマ漫画４本にまとめた。

3 あきれた事件
朝日放送
ワシはすすきの行ってへん!
市職員
左近議員
直談判中
あんたら聞く耳持たんか!!
ここで腹切るわ
銃刀法違反
現行犯逮捕

4 公務?!
同行市職員3人は公務?!
南河内オンブズマンチェックちゃん
市が訴えられている裁判に絡むことだから公務!!
市長
公務じゃない!
違法な公金支出
住民監査請求
H29年6月末監査結果
監査委員
交通費は不当な支出だから返しなさい人件費はOK
人件費はいいっての?!

第4章　労働行政ほか

第1節　派遣労働を巡る厚生労働省との闘い
――労働者派遣事業是正指導関係文書の公開を求めて

有田具弘（「知る権利ネットワーク関西」事務局）

1　「働き方改革」と関連して

私は現在、大阪労働局が行った労働者派遣事業に対する是正指導関係文書の公開を求めた裁判で最高裁に上告中である。この問題に取り組み始めたのは、2008年リーマンショック時に「派遣切り」が大きな社会問題となって間もなくの2009年であった。最初に公開請求した文書は、「平成19年度に労働者派遣事業の644事業所に対して是正指導を行うために送付した文書の決裁書類及び派遣事業関係指導監督記録及び職業紹介事業の33事業所に対して是正指導を行うために送付した文書の決裁及び職業紹介事業関係指導監督記録」である。当初は全面非公開であったが、審査請求を行い、国の情報公開審査会の答申などを経て、次第に開示範囲が広がり、是正指導を行った内容などがわかる程度に公開されることになった。が、肝心の事業者名等は不開示のままであった。この時の経過をまとめたのが、「2　2007年度分の審査請求の取り組み」である。

次に「3　2011年度分の公開を求めて審査請求、提訴」～「5　最高裁に上告」である。2011年度分の公開請求では、事業所が提出した「是正報告書及び添付資料」も新たに付け加えた。事業者が是正指導を受けた後、大阪労働局に是正計画を作って書面で報告した文書である。しかし、大阪労働局は、是正報告書に対して「ノリ弁公開（ほとんど非公開）」を決定した。2011年度分について、大阪地裁に提訴するとともに、審査請求も行い、情報公開審査会の答申を経て公開範囲が広がったが、事業所名などは依然、非公開であった。裁判では大阪地裁、控訴審の大阪高裁とも敗訴し、現在、最高裁に上告中である。

以下、詳しく争点を述べるが、裁判を行う過程で明確になったことは、行政指導段階の文書の公開の必要性であった。特に労働行政では労働基準法など他の分野でも同様であるが、企業名など肝心の情報は勧告・命令などの手続段階になれば公表されることになっているが、行政指導段階ではほとんど公開されない。しかし、勧告公表の段階に至るのは5％にもみたない。大半は、行政指導段階で終わってしまうのである。この段階の情報をもっと公開しないと、実質的に労働行政は闇の中である。医療など他の行政では、同様の行政指導段階であっても、病院名など事業者名とともに指導の内容なども公開されるので、比較すると大きな違いである。

2018年6月の通常国会で、「働き方改革」一括法が強行採決され、時間外労働の規制が強化されたが、実効性が確保されるのか疑問である。なぜかというと、労働行政の現場で行われている個別企業への行政指導の内容が非公開とされていて、透明性がないことである。違法残業をさせている企業の社名公表ルールを厚労省は定めているが、企業側に配慮した制度で、適用はわずか1社にとどまっている。また、勧告となれば公表されるが、大半は行政指導の段階で終結しており、行政指導の内容、特に企業名を公開しないことには、いくら総論で時間外労働を規制するといっても実効性はなく、個別企業を実際にどのように行政が規制し、指導したのか明らかにはならない。

今後、フリーランスなどの従来の労働者概念からはずれた働き方が広がっていくことが予想されている。労使自治の原則から言って、できるだけ現在の労使関係の枠組みを使ってフリーランスなどの労働条件の問題も解決していくことが求められる。しかし、労働組合が組織されていないことが多く、実態を支援団体などが外部からうかがい知ることは難しい。フリーランスなどの働き方に対する規制や行政指導について、市民的権利である情報公開制度を利用して情報公開させることが特に必要となってくるものと思われる。

そのような意味で、今回の裁判で争っているが、規制緩和の先駆けとなった労働者派遣事業における労働行政の中身についていかに公開し、透明化するのかを問うた裁判として意味があることが再確認できると思う。

以下、２００７年度分、２０１１年度分の経過を辿りながら、論点を記載したい。

2　2007年度分審査請求の取り組み

公開請求した文書

「平成19年度に労働者派遣事業の644事業所に対して是正指導を行うために送付した文書の決裁書類及び派遣事業関係指導監督記録及び職業紹介事業の33事業所に対して是正指導を行うために送付した文書の決裁及び職業紹介事業関係指導監督記録」

経過

２００９年５月15日　大阪労働局長に開示請求
　　　　６月10日　大阪労働局長　全面不開示
　　　　８月２日　厚生労働大臣あて審査請求書提出
２０１０年12月21日　情報公開審査会に諮問
２０１２年６月19日　情報公開審査会答申
　　　　８月17日　厚生労働大臣から裁決書
　　　　９月７日　大阪労働局から、裁決に基づく文書送付

審査会も指摘した諮問の遅れ

この経過でおわかりのように最初の開示請求から3年4か月もかかっている。この原因は審査請求から諮問まで約1年5か月かかったことである。この遅れに、再三抗議を続けたが、審査会も答申で「審査請求から諮問までに約1年4か月が経過しており、簡易迅速な手続による処理とは言い難く、開示決定等に対する不服申立事件にあたって、迅速かつ的確な対応が望まれる」と

指摘した。

次第に広がった開示範囲

開示された内容は、最初の大阪労働局長の全面不開示（資料1）から、審査請求を受けた厚生労働大臣は、審査会への諮問理由書の中で、当該文書に記載されている項目を示し、「違反事項及び是正のための措置」「指導監督年月日」「是正期日」などの内容を「事業所名」が特定される情報を除いて公開した。

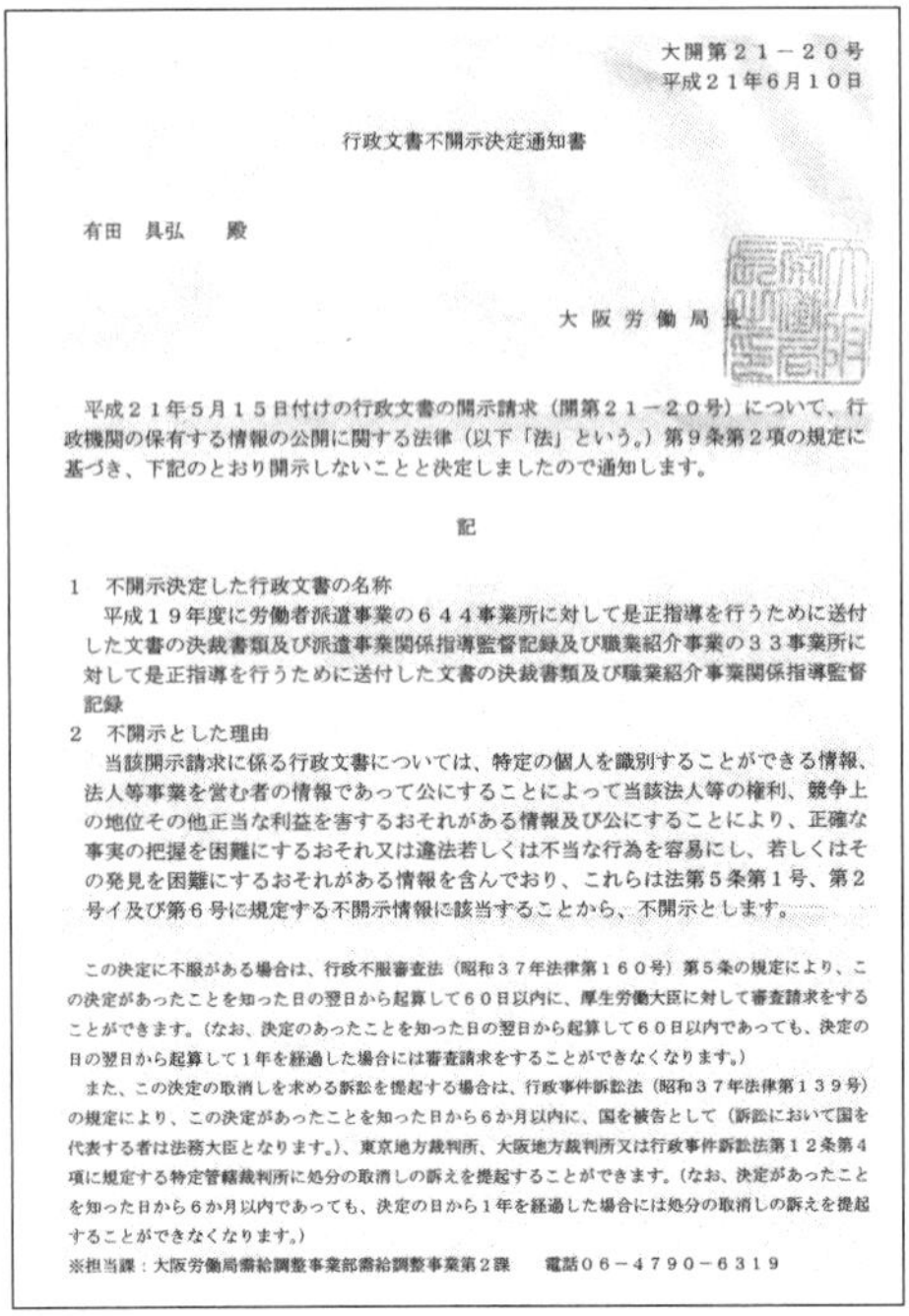

大開第２１－２０号
平成２１年６月１０日

行政文書不開示決定通知書

有田　具弘　　殿

大阪労働局長

平成２１年５月１５日付けの行政文書の開示請求（開第２１－２０号）について、行政機関の保有する情報の公開に関する法律（以下「法」という。）第９条第２項の規定に基づき、下記のとおり開示しないことと決定しましたので通知します。

記

1　不開示決定した行政文書の名称
　平成１９年度に労働者派遣事業の６４４事業所に対して是正指導を行うために送付した文書の決裁書類及び派遣事業関係指導監督記録及び職業紹介事業の３３事業所に対して是正指導を行うために送付した文書の決裁書類及び職業紹介事業関係指導監督記録

2　不開示とした理由
　当該開示請求に係る行政文書については、特定の個人を識別することができる情報、法人等事業を営む者の情報であって公にすることによって当該法人等の権利、競争上の地位その他正当な利益を害するおそれがある情報及び公にすることにより、正確な事実の把握を困難にするおそれ又は違法若しくは不当な行為を容易にし、若しくはその発見を困難にするおそれがある情報を含んでおり、これらは法第５条第１号、第２号イ及び第６号に規定する不開示情報に該当することから、不開示とします。

この決定に不服がある場合は、行政不服審査法（昭和３７年法律第１６０号）第５条の規定により、この決定があったことを知った日の翌日から起算して６０日以内に、厚生労働大臣に対して審査請求をすることができます。（なお、決定のあったことを知った日の翌日から起算して６０日以内であっても、決定の日の翌日から起算して１年を経過した場合には審査請求をすることができなくなります。）
また、この決定の取消しを求める訴訟を提起する場合は、行政事件訴訟法（昭和３７年法律第１３９号）の規定により、この決定があったことを知った日から６か月以内に、国を被告として（訴訟において国を代表する者は法務大臣となります。）、東京地方裁判所、大阪地方裁判所又は行政事件訴訟法第１２条第４項に規定する特定管轄裁判所に処分の取消しの訴えを提起することができます。（なお、決定があったことを知った日から６か月以内であっても、決定の日から１年を経過した場合には処分の取消しの訴えを提起することができなくなります。）
※担当課：大阪労働局需給調整事業部需給調整事業第２課　　電話０６－４７９０－６３１９

資料1　平成19（2007）年度分の是正指導文書を全面不開示とする大阪労働局長の決定通知書

続いて、情報公開審査会の答申は、是正指導対象の事業所名の内、国や自治体の関連する教育委員会とか病院、水道局などの一般的な名称については公開するべきである、その理由は競争上の地位とも関係ないし、本来法令順守すべき公的機関であるからというものであった。

本来、最初の大阪労働局が全面不開示とした処分決定がおかしかったのだが、追加により開示された部分である「違反事項及び是正のための措置」では、業種や仕事の内容に即して、法律違反が具体的にわかる。

例えば、「労働者派遣事業関係指導監督記録（甲）」（資料２）の「違反事項及び是正のための措置」欄には中学校の外国語授業の英語科指導実習業務について、請負業務となっているが、授業の内容、進め方について教員が行う業務との明確な区分がなく、業務の割付も教員側から行われるので、この業務は適正な請負業務ではなく、実態は労働者派遣事業に該当し法律違反を犯し

部長	課長	主任	係長	班長	

平成19年2月28日
本件交付してよろしいか。

労働者派遣事業関係指導監督記録（甲）

処理経過	完了・司法処分・行政処分・再々指導・再指導	整理番号	18-2-351
指導監督の区分	[redacted]	指導監督年月日	平成19年2月28日
事業主の氏名又は名称	[redacted]	事業所の所在地	[redacted]
事業所の名称	[redacted]教育委員会	官職氏名	需給調整指導官　東　哲広
許可番号又は届出受理番号		許可年月日又は届出受理年月日	

法条項	違反事項及び是正のための措置	是正期日	是正確認
労働者派遣法第26条第1項及び同法第3章第3節に規定する派遣先の講ずべき措置等各条	（違反事項） 貴委員会と[redacted]（以下、「請負事業者」という。）との間で行われている業務委託契約には、業務内容として、中学校の外国語授業等における英語科指導助手業務とあるが、具体的な業務をみると、授業の内容、進め方について教員が行う業務との明確な区分がなく、業務の割付等が教員側より行われていることから、当契約は「労働者派遣事業と請負により行われる事業との区分に関する基準」（昭和61年労働省告示第37号、以下「告示第37号」という。）Ⅱの1（1）①の基準を満たさない。 従って、当業務委託契約については適正は請負業務とは言い難く、実態は労働者派遣事業に該当するものであるため、貴委員会では適正な労働者派遣契約を締結せず、労働者派遣の役務の提供を受けていたため、左記条項に違反する。 （是正のための措置） 上記請負事業者との間で行われている請負業務については、速やかに「告示第37号」で示された区分基準を満たす適正な請負業務に改善するか、または労働者の雇用の安定を図るための措置を講ずることを前提に中止すること。 もしくは、労働者派遣契約の締結その他適正な労働者派遣となるよう必要な措置を講じること。 なお、可能な限り違法状態の解消を図ったとしても、是正期日までに是正のための措置を講ずることができない場合には、是正に向けた具体的な計画を作成し、当局需給調整事業部まで書面で報告すること。	平成19年5月28日	

受領年月日	平成19年4月27日	備考		（１）枚のうち
受領者職名 氏名	[redacted]			（１）枚目

「労働者派遣法」[redacted]確保及び派遣労働者の就業条件の整備等に関する法律

3

資料２　外国人英語科指導実習の業務委託契約は、適正な請負業務ではなく、実態は労働者派遣事業に該当するとして労働者派遣法に違反すると指摘する「指導監督記録」

労働者派遣事業関係指導監督記録（甲）

処理結果		処分種別		最終確認年月日	
指導監督年月日	平成20年 2月12日	指導対象	派遣元	整理番号	19-2-490
指導監督の区分	[redacted]	指導形態	[redacted] 指導の種類　新規	管理番号	27-080218-008
許可番号	[redacted]	許可年月日	平成12年 9月 1日		
事業主　氏名又は名称	[redacted]				
事業主　住所	[redacted]				
事業所枝番	1	雇用保険適用事業所番号		労働保険番号	[redacted]
事業所　名称	[redacted]				
事業所　所在地	[redacted]				
担当者	厚生労働事務官　竹口　克己　印		需給調整指導官　東　哲広　印		

法条項	違反事項及び是正のための措置	是正期日	是正確認
労働者派遣法第２４条の３	（違反事項） 貴事業所で用いられている「プロフィールシート」において家族構成、身長の記入項目がある。 法第２４条の３において、「派遣元事業主は、労働者派遣に関し、労働者の個人情報を収集し、保管し、又は使用するに当たっては、その業務の目的の達成に必要な範囲内で労働者の個人情報を収集しなければならない。」と規定されているが、当該記入事項は採用選考上必要な範囲内での個人情報とは見なされず、左記条項に違反する。 （是正のための措置） 派遣登録時において収集する情報については、法が規定する「その業務の目的の達成に必要な範囲内」において収集するよう書式を速やかに改正すること。	速やかに	
労働者派遣法第２６条第１項	（違反事項） 貴事業所で締結されている労働者派遣契約については、法に規定されている「派遣労働者の人数、時間外労働の具体的時間数」が記載されていない。 （是正のための措置） 今後、労働者派遣契約を締結しようとするときは、法に則した事項を網羅した派遣契約を締結すること。	今後	

受領年月日	2008年3月4日	備考		（3）枚のうち
受領者職名 受領者名	[redacted]			（1）枚目

資料３　労働者の個人情報の収集は「業務の目的の達成に必要な範囲内」や、「時間外労働の具体的時間数を派遣契約に記載する」といった労働者派遣法違反を指摘する指導監督記録

ているとしている例が明らかになった。

別の監督記録（資料3）には、「プロフィールシート」に仕事内容と直接関係ない、家族構成、身長の記入項目があり、違法な個人情報の収集を行っていると具体的に違反を指摘している。

このような違反内容が、開示された786枚の指導監督記録に記載されており、分析をすればどのようなことが違反となるのか、明確になる。

さらに今回の公開文書で、指導を受けた事業所は違法状態の解消のために、是正期日までに是正のための措置を講ずるか、できない場合は是正計画を作って書面で報告することがわかった。そこで、新たに2011年度分の指導監督記録と併せて、どのような報告文書が提出されているのかを公開請求することにした。ここから先は、裁判で争うしか道はないと考えた。公開範囲は次第に広がったが、裁判で事業所名が公開されるのか、とそうそう甘い期待はできない。

3　2011年度分の公開を求めて審査請求、提訴

労働者派遣事業では派遣切りや違法行為が多発していることは広く知られている。私が改めて情報公開を大阪労働局に求めたのは、このような実態を把握し、派遣労働の事業所において適法な労働環境を実現し、業界の適正化と労働者の権利確立を図りたいという思いからであった。

大阪労働局は2011年度1036事業所・企業に是正指導を行っており、大まかな数字を公表していた。そこで、2012年9月26日、これら1036事業所の是正指導を行った関係文書の公開を求めた。ところが大阪労働局は是正指導を行うために送付した指導監督記録は肝心の事

裁判と審査請求の主な経過

年月日		裁判	審査請求（行政救済）
2012年9月26日	行政文書開示請求書を提出		
2012年11月26日	行政文書開示決定通知書（旧処分）		
2013年1月19日			厚生労働大臣に審査請求書提出
2013年6月19日		大阪地裁に訴状提出	
2013年10月22日		第2回弁論、国から第1準備書面提出 裁判長から国に対して「非公開理由はこれだけか。行政手続法8条の理由付記もある」と釈明要求	
2014年2月27日	旧処分取消し、新たに行政文書開示決定通知書（新処分）		
2015年8月7日			審査会答申
2015年2月12日			裁決書
2016年4月8日			裁決による再度の開示決定
2017年9月21日		大阪地裁不当判決	
2017年10月4日		大阪高裁へ控訴	
2018年2月6日		控訴審弁論、結審	
2018年4月24日		控訴審不当判決	
2018年5月7日		最高裁へ上告	

裁判の内容　大阪労働局が2011年度に労働者派遣事業等1036事業所に対して行った是正指導関係文書及び事業所からの是正報告書等一切を情報公開請求したが、事業所名など核心的な情報が非公開となり、この決定を取消し、情報公開することを求めて、提訴、審査請求を行った。

業者名を非公開とし、事業者、企業からの是正報告書にいたっては、全面黒塗りの不開示としたのであった。

そこで行政不服審査法による審査請求を厚生労働大臣に行うとともに、２０１３年６月19日国（大阪労働局）が行った情報公開についての決定処分を取消し、公開を求める行政訴訟を大阪地裁に起こした。経過は表のとおりである。

次第に広がった開示範囲

２００７年度分と同様に、開示範囲は次第に広がった。それは新たに開示請求した「是正報告書及び添付資料」である。資料４〜６を見れば明らかであるが、当初の開示決定は資料４の通り、ほぼ全

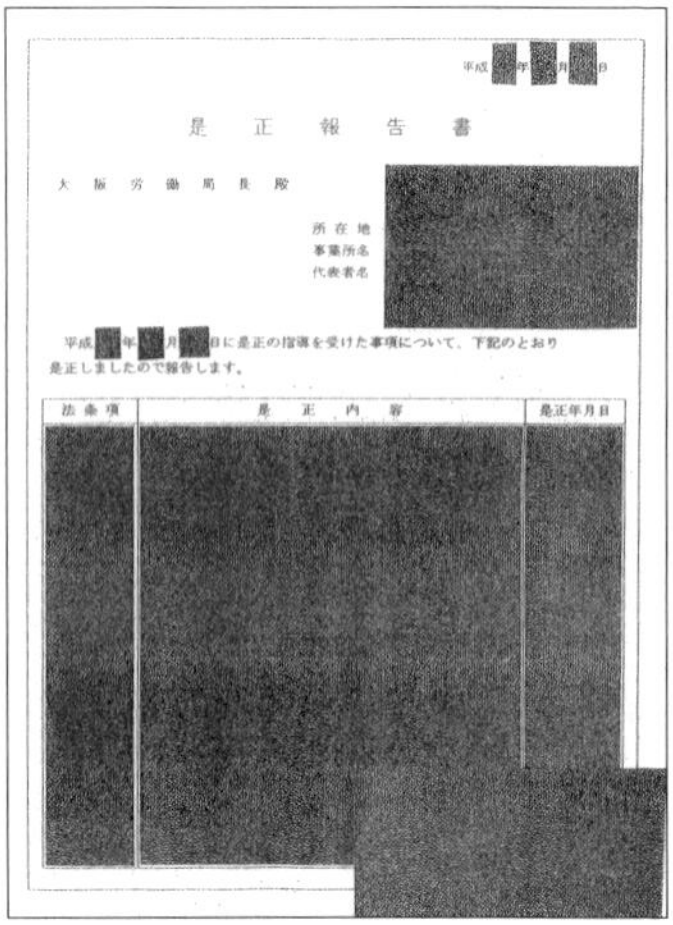

平成[redacted]年[redacted]月[redacted]日

是　正　報　告　書

大　阪　労　働　局　長　殿

所在地
事業所名
代表者名
[redacted]

平成[redacted]年[redacted]月[redacted]日に是正の指導を受けた事項について、下記のとおり是正しましたので報告します。

法条項	是正内容	是正年月日
[redacted]	[redacted]	[redacted]

資料４　企業が提出した「是正報告書」は当初、「ノリ弁」だった

平成２３年５月１０日

是　正　報　告　書

大　阪　労　働　局　長　殿

所在地 [redacted]
事業所名 [redacted]
代表者名 [redacted]

平成２３年４月７日に是正の指導を受けた事項について、下記のとおり是正しましたので報告します。

法条項	是正内容	是正年月日
[redacted]	[redacted]	[redacted]

受付
23.5.18

資料５　「ノリ弁」状態だった部分開示決定処分をいったん取り消し、再度行った「新処分」では、是正報告書の「日付」と「受付印」のみ開示範囲が広がった

面不開示であった。

資料5は、国が裁判中にいったん処分を取り消し、処分をやり直して（新処分）「受付印」を開示したことによる。資料6は、情報公開審査会の答申を受け新たに2015年4月8日に開示決定されたもので、「是正報告書」は事業所名を除き、法条項、是正内容、是正年月日が新たに開示されたが、「是正報告書添付資料」は、表題部以外は不開示のままであった。今裁判で残す不開示部分は「是正報告書添付資料」と事業所名等である。

4　非公開理由の瑕疵と国の右往左往

①非開示理由の瑕疵

大阪労働局は不開示理由として3点を挙げてきた。情報公開法第5条に掲げる不開示とできる例外理由である個人情報、法人情報、行政執行情報と言われる3点である。しかしいずれの

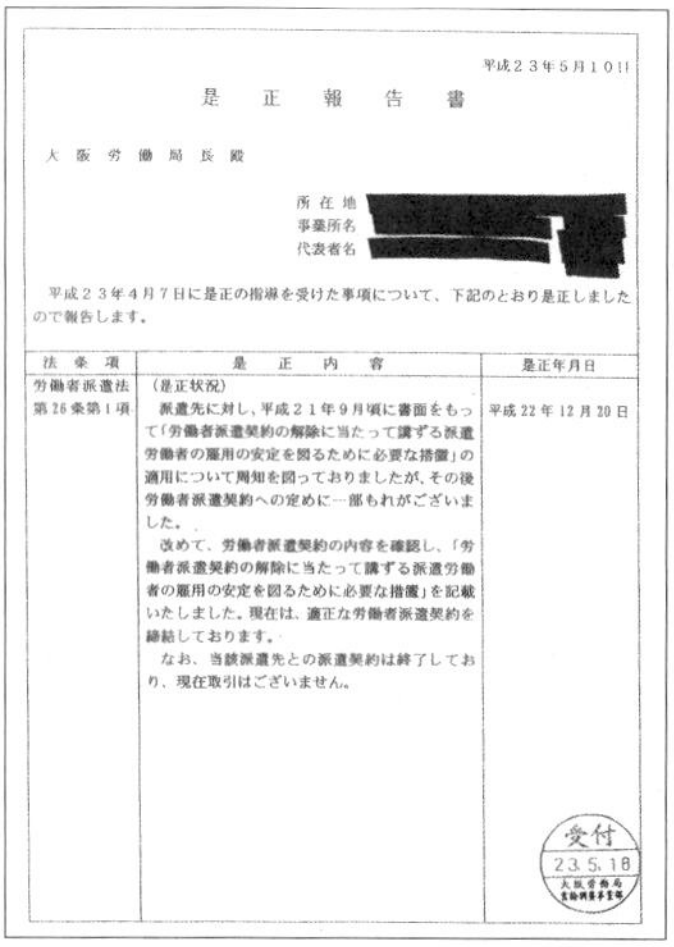

平成２３年５月１０日

是　正　報　告　書

大阪労働局長殿

所在地 [redacted]
事業所名
代表者名

平成２３年４月７日に是正の指導を受けた事項について、下記のとおり是正しましたので報告します。

法条項	是正内容	是正年月日
労働者派遣法第26条第1項	（是正状況） 派遣先に対し、平成２１年９月頃に書面をもって「労働者派遣契約の解除に当たって講ずる派遣労働者の雇用の安定を図るために必要な措置」の適用について周知を図っておりましたが、その後労働者派遣契約への定めに一部もれがございました。 改めて、労働者派遣契約の内容を確認し、「労働者派遣契約の解除に当たって講ずる派遣労働者の雇用の安定を図るために必要な措置」を記載いたしました。現在は、適正な労働者派遣契約を締結しております。 なお、当該派遣先との派遣契約は終了しており、現在取引はございません。	平成22年12月20日

受付
23.5.18

資料６　情報公開審査会の答申の結果。適用された「法条項」「是正内容」「是正年月日」が開示された。しかし企業名、事業所名は相変わらず不開示のままであった

理由も抽象的、一般的な理由で具体的になぜ不開示にしなければならないのかを明確に述べてはいなかった。事業者名を公表すると競争上の利益が害されるとか、今後の行政指導に支障を生じるといったような理由であった。

「部分公開決定通知書」に記載されている理由は、条文をそのまま引き写したあまりにもお粗末なものであった。裁判所（大阪地裁）の裁判長は２０１３年10月22日の第２回弁論で「理由はこれだけか。行政手続法８条により理由付記の義務もある」と指摘した。

違法行為を行っている事業所、企業に守られるべき競争上の正当な利益などあるのか、というのが大きな争点である。企業名を公開し、市民監視のもとで企業は違法性をただしコンプライアンスを実現することが求められ、また労働者も情報を得て、労働組合などを通じて権利を確立していく契機にもなるのである。派遣労働の場合労働組合が組織されていないことを考えると、企業内のことであったとしても市民的権利を使って情報を得て、自らの権利を確立していくということでもある。

これまで国は法人情報について企業寄りの判断を行うことが多く、特に労働行政では労働基準監督署なども情報公開を認めておらず、少しでも風穴をあけていかなければならない。

また、是正指導を受けた事業所、企業から提出された是正報告書については黒塗りの文書3千数百枚、論外というほかはない。何が書かれているのかもわからず、なぜ非公開としたのかもわからない。裁判では裁判所が何を書かれているのか文書を実際に見て判断する「インカメラ」を行うべきだということも主張したが、ボーンインデックスのような内容がわかるようなものを提出するように裁判所は指示し、国は表題部分を明らかにしたが、インカメラ自体は受け入れられなかった。

②国が一方的に処分撤回、新処分

前述したように、裁判所は第2回弁論で「理由はこれだけか。行政手続法8条により理由付記の義務もある」と指摘したが、これを受けて国は、２０１４年2月27日付けで当初の処分を取消し、新処分を行うこととしたのである。結局、後出しじゃんけんよろしく、受付年月日、指導年月日、受付印、作成年月日の些細な部分を追加で公開し、理由も表に整理したのみであった。

法律家の〝常識〟では、このような新処分であったとしても旧処分は取り消されており、旧処分を争う裁判は終結し、新処分を争うために新しく裁判を起こさねばならないそうである。しかし、原告である私には何のメリットもなく、新たに訴訟を起こすなど負担ばかりが加わる。そもそも旧処分を取り消したのであれば、全面公開にすべきである。

このようなことが裁判上許容されることになれば、情報公開の根幹にもかかわる。つまり情報公開は市民主権の核心的権利であり、速やかに司法的救済が図られなければならない。また、一方的に国が手続き上も適正さを欠いて旧処分を職権で撤回取消、新処分を殆ど同内容で行ったことは、国の権利濫用にもあたる。また、裁判の長期化を意図する悪意も感じられた。

③新処分を情報公開審査会に伝えない「不誠実」

国はこれらの経過について、情報公開審査会にも伝えていなかったことが明らかになった。後日、2015年8月7日付情報公開審査会は答申を行ったが、付言として、「厚生労働省は、当審査会に対し、本件諮問をしているにもかかわらず、大阪労働局が平成26年処分を行った事実について何らの連絡も通知もせず、当審査会は、審査請求人が提出した意見書によって初めてその事実を知ったものであり、本件の対応は極めて不誠実なものであった」と異例の批判を行ったのであった。

④新処分の取消と国家賠償を求める訴訟に変更

新処分を行ったことを受けて、2014年7月11日新たに新処分の取消を求める訴訟の変更を行い、国賠訴訟も併せて行うことにした。国賠訴訟は憲法訴訟であり知る権利の侵害（憲法21条）、適正手続きに基づき行政上の救済を受ける権利の侵害（憲法31条）、適正手続きによる裁判を受ける権利の侵害（憲法31、32条）のそれぞれの不法行為に対して国は100万円を支払え、というものである。

裁判は、大阪地裁及び大阪高裁で判決が出されたが、いずれも国追随の不当判決であった。核心的な情報である事業所名等の情報と表題部分のみが開示されている是正報告書添付資料が公開されるかどうかが争点となった。司法救済は行政追随ではなく、明確な理由を明らかにして争点について明らかにしなければならない。

5　最高裁に上告

2018年5月7日最高裁に上告を行い、上告理由書を7月10日に提出した。

上告理由書の構成は、憲法違反を展開する上告理由書と判例違反などを展開した上告理由申立書により構成される。

上告理由書で憲法違反を主張

上告理由書では、本件行政処分が、憲法第21条（知る権利）、憲法31条及び第32条（適正手続に基づく行政上の救済を受ける権利及び裁判を受ける権利）を侵害する違憲の行政処分であることを主張した。特に職権取消に関しては、次のように主張している。

憲法第21条の「知る権利」に基づく情報公開制度における職権取消の法的問題は、情報公開請求権、あるいは「知る権利」の実体的権利の保障の観点から判断されるべきである。職権取消によって旧処分を変更し、新処分で一部開示されることになれば、情報公開請求者は旧処分では知りえなかった部分を知ることになり、一定の利益を得たことになるが、本件の場合、職権取消による新処分が下された後において、情報公開請求者が求める核心的な部分の不開示が維持されており、旧・新処分のみならず両処分の取消訴訟は実質的に同一である。

「職権取消」は、例外的な手続きであり不開示を維持する根拠がなくなった限定的な場合のみ可能と考えるべきであり、本件取消処分は事務事業情報や行政執行情報、意思形成過程情報のように、時の経過ないし後発的事情により不開示を維持する根拠が消滅した場面に限定されるべきであり、こうした限定的な事由には該当せず、違憲・違法な行政処分である。

上告理由申立書において不開示とした法令解釈を批判

情報公開法5条に定められている不開示情報の法令解釈も誤りである。

情報公開法5条2号（法人情報）該当性について

高裁判決は、本件2号不開示部分が開示されれば、指導官から法違反等があると判断され、指導監督を受けた事業所が特定されるところ、指導官から指導監督を受けたことが明らかになれば、当該事業所が労働基準関係法令を遵守せず、あるいはこれを軽視していると評価され、当該事業所及びその事業主の社会的信用が低下し、ひいては、取引関係や人材確保等の面において、競争上の地位その他正当な利益が害される蓋然性が高いとの地裁判示を援用する。

しかし、情報公開制度の趣旨や本件労働者派遣法及び関係法令の趣旨と派遣事業の実態から判断すれば、行政指導の段階で公表することが必要不可欠である。法運用は現実には、勧告、公表及び命令という行政処分に至る例は極めて少数であり、多くは行政指導である。他方、同じ厚生労働省の所管でも、旧厚生省に属する医療関係では、病院の立ち入り検査など行政指導で病院名などすべて情報公開している。

大阪労働局が報道発表した労働者派遣事業・職業紹介事業等の指導監督状況によると、行政処分は2015年度4件、2016年度2件であり大半は行政指導で終わっている。

大阪労働局では、労働者派遣法及び関係法令の適正な運営及びその確保の視点から幅広く臨検監督等を行っており、およそ事業者として事業活動を行い労働者を使用していれば、当該監督を受ける頻度等に差はあるものの、当該監督の結果、行政指導を受け、あるいは、当該指導に基づき報告を行うことも多い。

このような現実の状況をふまえれば、大阪労働局から行政指導を受けたという事実あるいは当該指導に基づき報告をしたという事実のみでは直ちに社会的イメージの低下を招き、求人活動等に影響を及ぼす恐れや取引会社との間で信用を失う恐れがあるなど、当該事業所の正当な利益を害するおそれがあると言えない。

6　法5条2号ただし書き該当性について

高裁判決は、当該事業所が行政処分や刑事処分を受けていない以上、法違反等はその前段階において是正又は改善されていることが推認されるのであって、本件2号不開示部分が不開示とされたことにより、現に派遣労働者の生命等に侵害が発生しているとか、将来これらが侵害される蓋然性が高いとは認められない。また、これらの利益の保護は、労働者派遣法等で定められた指導監督、勧告、公表の手続等によって図られることが予定されているというべきであって、本件2号不開示部分の開示がされなければこれらの利益を保護し得ないものでもないと判示する。

しかしながら、労働者派遣事業は、正規労働者と派遣労働者との間の労働条件に格差を生じさせるのみでなく、派遣労働者に深刻な貧困化や生命、身体を危険にさらす労働災害などを生じさせる就労形態となっている。

更に、派遣労働は、間接雇用、有期雇用であることから、雇用は不安定であり、労働組合の組織化もほとんどなされていないのが現実である。本来、労働条件などに関する情報は、労働組合が組織化されていれば、労使関係を通じて入手することも可能である。しかし、派遣労働者の場合、労働組合の組織化はなされておらず、情報公開法による公開請求など市民的権利を行使して労働条件などに関する情報を入手するしか方法はない。

このような中で、労働者派遣事業に関して大阪労働局が行った是正指導や是正報告書は、労働者の職業選択、派遣労働者の労働条件や労働環境の改善にとって非常に重要かつ有益な情報であり、派遣労働者の過酷な就労状態を鑑みれば、これら情報は、人の生命、健康、生活又は財産を保護するため、公にすることが必要であると認められる情報にあたり、法5条2号柱書ただし書きに該当し、公開されなければならない。

情報公開法5条6号（行政執行情報）該当性について

高裁判決は、同号の不開示情報に該当するというためには、開示により得られる利益と開示により損なわれる利益を比較衡量した上で、開示した場合に当該事務又は事業の適正な遂行に支障が生じるおそれが、なお看過し得ない程度のものであり、かつ、それが、単なる確率的な可能性ではなく、法的保護に値する蓋然性があることを要するというべきであると判示し、同号イ該当性につき、個別に検討するとして、今後、事業所又はその事業主が関係資料の提出等の情報提供への協力をちゅうちょするおそれや、法違反の隠蔽を行うなどのおそれがあるというべきであるとの地裁判決を援用する。

しかしながら、相手方事業者は、行政指導であったとしても、事業所情報が公開されることになれば、より資料を提出し、自ら違反していないことを立証しようとすることとなり、より行政指導の効果が上がることが期待できる。

高裁判決が援用する地裁判決は、「今後、事業所又はその事業主が関係資料の提出等の情報提供への協力をちゅうちょするおそれや、法違反の隠蔽を行うなどのおそれがある」と判示する。しかしながら、大阪労働局と事業所との信頼関係が著しく損なわれ、自主的改善の意欲をそがれることになるか否かは明確ではない。事業所又はその事業主において、法違反がなされておれば、勧告、命令、公表されることを背景に行政指導していることが前提であるから、事業所又はその事業主は正当性を明らかにするために協力こそすれ、非協力の態度をとることは想定し難い。行政指導の過程を透明化することによってこそ、行政指導の実が上がるものであり、公開されるべき情報である。

7　おわりに

森友・加計問題など昨今明らかになった情報公開の問題と根は一緒だと思うが、私の経験したことは国が情報公開法の原則公開とは反対の原則非公開から出発していることである。最初は非公開から出発し、しぶとく食い下がると小出しにしてくる。これ自体抜本的に改善しないといけないが、特効薬はないので、一つ一つの闘いの積み上げが要請される。特に労働行政分野は公開度が低い。闘いの必要な所以だ。

第2節　弁護士による投稿

投稿①　森友事件と知る権利の形骸化（弁護士　大川一夫）

森友事件を逸早く告発した木村真豊中市議の代理人をしている。森友事件ほど情報公開・知る権利の重要性を知らしめた事件はないだろう。今や有名となったが２０１６年5月、彼が「瑞穂の國記念小學院」の２０１７年4月開校の生徒募集のポスターを見たのがすべての始まりだった。その場所は、かねて豊中市が国（近畿財務局）に対して公園などへの利用を求めるも、無下に断られた場所であった。そのため木村市議は「瑞穂の國記念小學院」なるものを調べ、その結果、その小学校は「日本会議」つながりの上、名誉校長が安倍昭恵夫人であることを知る。

しかしそこから先がわからない。木村市議は土地の利用について近畿財務局に問い合わせていたが答えず、やむなく情報公開請求したのだが、契約書の重要部分は黒塗り（一部不開示）であった。後に、この国有地がタダ同然で森友学園に売却されたことを知るのだが、それは木村市議の行った先の情報公開請求の黒塗り（一部不開示）の取消訴訟を提起した故であった。２０１７年2月8日に私共が提訴し大きなマスコミ報道とともにただちに内容が知らされたことはご存知のとおりである。

そもそも国有地はいわば国民の財産である。なぜにこのような手間暇をかけないと国民の財産の帰趨を知ることが出来ないのか、そこに問題の核心があるだろう。

その後、森友事件においては文書廃棄、改ざん、隠蔽が行われたことも判明し、森友事件における「知る権利」の形骸化はあまりにも甚だしい。森友事件の本質は、教育勅語を取り入れた反憲法的小学校建設に公正であるべき行政によって不当な肩入れがなされたものであり、その責任がいまだ問われないこと自体が大問題であるが、同時に木村市議の働きがなければ、国民にこれらの不正が隠されていたことに恐ろしさを感ずる。

安倍政権に責任を取らせることと同時に、これを機に真に文書管理を整備し、市民の為の知る権利を確立しなければ、日本は近代国家・民主国家とはいえないだろう。

【参考文献】大川一夫『訴因安倍晋三――「森友事件」すべてはここから始まった！』一葉社、２０１８年

投稿② 私と情報公開（弁護士 坂本 団）

私は、最近まで大阪市の情報公開審査会の委員をやっていました。私が弁護士になったのは25年以上前のことですが、なりたての頃は、住民側で情報公開をやっているような弁護士が審査会の委員になるなど考えられないことでした。この間、市民の取り組みによって、地方公共団体の情報公開は着実に前進してきたと実感します。

それにひきかえ国です。公文書の改ざん、隠蔽等もはや何があっても驚かないといった有様です。あと何年弁護士ができるかわかりませんが、引退する頃には「昔は国はひどかった」と昔話にできることを祈って頑張りたいと思います。

投稿③　中津コーポ情報公開訴訟と情報の開示に至る経緯（中津コーポ弁護団　荒木晋之介）

裁判所によるインカメラ審理の重要さを示す貴重な事例である。原告・被告双方の主張から「推認」によって判断をせざるを得ず公開請求を棄却した裁判所に対し、大阪市情報公開審査会は、当該情報を直接確認し、具体的な事実に沿って検討し公開の答申を出したというものである。弁護団の荒木晋之介弁護士に経緯を紹介してもらった。

1　はじめに

「淀川左岸線（2期）事業に係る技術検討委員会」（以下「技術検討委員会」ということがある）第1回から第6回の議事録、打合せメモ等について、情報公開請求、不服申立て、提訴等の手続を経てようやく、文書のほとんどの部分の開示がなされた。

最高裁に係属中であった案件も、平成27年12月18日に判断がなされた。

そこで、その経緯と問題点について述べる。

当事者

情報公開を請求したのは中津リバーサイド・コーポ環境を守る会（以下「守る会」）及び、「守る会」の代表者であるＨ氏である。

「守る会」は、淀川左岸に位置する住宅・中津リバーサイド・コーポ（以下「中津コーポ」）の住民らで構成する団体である。もともと中津コーポは、大阪市が、淀川の良好な自然環境をその特徴として宣伝した分譲マンションである。

情報公開の請求先は大阪市と近畿地方整備局（国）である。大阪市は、中津コーポのすぐそばに淀川左岸線（２期）・淀川南岸線の道路建設を計画した。国は、淀川の河川管理者である。以下、大阪市については「相手方市」、相手方市及び相手方国を併せて「相手方ら」ということがある。

淀川左岸線（２期）事業

①淀川左岸線（２期）事業について

淀川左岸線（２期）事業とは、平成８年に都市計画決定され、平成18年度より大阪市の街路事業と阪神高速道路株式会社の有料道路事業との合併施行にて事業を継続することとなった道路開発事業である。

この事業の着目点は、淀川堤防の中に道路を通す点である。この工法は世界にも類のない工法であり、堤防内に異質の構造物を入れる点で、津波や地震などへの耐性や安全性への対策が十分であるかが、守る会や住民の関心事であった。

②技術検討委員会

淀川左岸線（2期）事業に関して、国土交通省と大阪市において「淀川左岸線（2期）事業に関する技術検討委員会」が開催されている。

大阪市のホームページによれば、技術検討委員会は、淀川左岸線（2期）事業の施設に関して、淀川堤防と道路構造物が一体の構造形状であることから、河川堤防としての安全性の照査方法等、施工方法、維持管理手法及びモニタリング等の検討に対し、審議するものだとされている。

委員は次のとおりである。

宇野尚雄（岐阜大学名誉教授）
大津宏康（京都大学大学院工学研究科都市社会工学専攻教授）
大西有三（関西大学環境都市工学部特任教授、京都大学名誉教授、技術検討委員会の委員長）
岡二三生（京都大学名誉教授）
清野純史（京都大学大学院工学研究科都市社会工学専攻教授）
中川一（京都大学防災研究所流域災害研究センター長教授）
服部敦（国土交通省国土技術政策総合研究所河川研究室長）
佐々木哲也（独立行政法人土木研究所地質・地盤研究グループ土質・振動チーム上席研究員）

これまでに、第6回まで開催されており、開催日は次のとおりである。

・第1回平成23年5月13日（金）
・第2回平成23年7月8日（金）
・第3回平成23年11月29日（火）
・第4回平成25年2月8日（金）
・第5回平成26年1月10日（金）
・第6回平成27年1月29日（木）

事実経過

時系列は別表（137ページ）のとおりであり、情報公開請求によって開示された第1回から第4回までの技術検討委員会の議事録及び打合せメモは、当初ほとんどが黒塗りであった。しかし、不服申立て及び提訴を経て、ようやく情報の開示を受けることができた。

なお、先行していた裁判手続では、ほとんど情報の開示が認められないまま控訴棄却までなされたものの、平成26年10月24日になされた大阪市情報公開審査会（以下「審査会」）の答申をきっかけに、情報が開示される方向に大きく動いた。

これを受けて、第5回と第6回の議事録及び打合せメモについては、情報公開請求のみで、議事録と打合せメモについて、ほぼすべての開示を受けることができた。

2　問題点

推測による判断しかできない裁判所と、当該文書を見て判断した審査会の判断には大きなずれがあること

裁判所は、当該文書を見ないまま、相手方らの主張から推測するのみで「本件議事録における委員の意見が記載された部分を公開すると委員らによる率直な意見交換が不当に損なわれるおそれがある」と認定して、ほとんどの部分の開示を認めなかった。

一方で、審査会は、文書をほぼ全面的に公開した理由を以下のように述べている。

（1）技術検討委員会議事録における本件非公開部分の条例第7条第4号該当性について

ア　技術検討委員会議事録の内容及び技術検討委員会の性質について

「技術検討委員会議事録の内容を詳細に確認したところ、各委員が、自身の知見に基づく見解を述べ、委員相互でそれらを了承しているに過ぎず、少なくとも、委員間で異なる意見や見解が対立し、その相違点について議論を交わしているものであるとは認められなかった。」「前回までの技術検討委員会において、審議、検討された内容は、一定の結論が出た、いわば完結したものであり、それに基づき、次回の技術検討委員会において、さらに審議、検討を加えていくという構成であると解される」「以上を踏まえると、前回までに審議、検討された内容は、次回開催時点にあっては、条例第7条4号にいう「公にすることにより、率直な意見の交換若しくは意思決定の中立性が不当に損なわれるおそれ」を完全に帯びるものではないと認められる」

イ　技術検討委員会議事録における本件非公開部分を公開することの公益性について

「技術検討委員会の本旨のひとつは、災害発生時のあらゆる被害に対する安全性の検討である以上、技術検討委員会議事録における本件非公開部分については、市民の安全に関する重要な情報であって、公開することの公益性が極めて高く、自ずと他の一般的な事例とは性質を異にするものと解することが相当である」「技術検討委員会議事録における本件非公開部分を公開した場合に技術検討委員会における率直な意見の交換若しくは意思決定の中立性が不当に損なわれるおそれと、市民の安全に関する重要な情報である技術検討委員会議事録における本件非公開部分を公開することにより得られる公益とを比較衡量するとすれば、前者のおそれが看過し得ない程度のものであるとまではいえず、明らかに後者の公益を優先すべきであると認められる」

ウ　「以上を総合的に勘案すると、技術検討委員会議事録における本件非公開部分については、これを公開したとしても、技術検討委員会における率直な意見の交換若しくは意思決定の中立性が不当に損なわれるおそれがあるとまでは認められず、条例第7条第4号には該当しない」

（2）打合せメモにおける本件非公開部分の条例第7条第4号該当性について

打合せメモにおける本件非公開部分の検討にあたっては、技術検討委員会議事録と同様に判断すべきとし、「これを公開したとしても、技術検討委員会における率直な意見の交換若しくは意思決定の中立性が不当に損なわれるとおそれがあるとまでは認められず、条例第7条第4号には該当しない」

ヴォーン・インデックスでは不十分であること

訴訟で、相手方市は、議事録を頁数と行で分類し「発言内容の概要」と「理由」（①から⑦までで分類）を記載した表を提出した。

しかし、この作成の過程で不適切な分類がなされたとしても、当該文書を見なければ、検証不能である。

例えば、本件では、次の例が見られた。

「優位って書いてあるんだけど、優れたというよりは、意味の有るという漢字がふさわしいんじゃないですか。辞書を引いてみたら、それが一番」

「はっきり言って下さい。みんなにわかるように」

「これ、有意水準って言うじゃないですか、信頼性なんかで。そういう有意じゃないんですか。漢字。漢字」

（公開された議事録18頁18行目から22行目）

というやりとりについて、相手方は、「仮設鋼矢板の取扱いに関する質疑応答」だとし、その理由として「委員への干渉等で率直な意見交換・意思決定の中立性が損なわれる恐れがある点」（①）とした。

そして、第1審判決及び控訴審判決も、上記のように率直な意見交換が不当に損なわれるおそれがある、として開示を認めなかった。

しかし、上記引用部分からも明らかなように、この委員間のやりとりは、「専門的知見の開示」どころか、配布資料の記載が、日本語としておかしいと指摘しているにすぎない。

このような委員間のやりとりが開示されたとしても、率直な意見交換・意思決定の中立性が損なわれる恐れなど生じないのは明らかである。

それにもかかわらず、第1審判決及び控訴審判決は、このような箇所を開示しないことを是認したのである。これは、ほんの一例である。本来本件議事録の、大部分を開示すべきであったことは、大阪市情報公開審査会が答申したとおりである。

3 結論

以上のとおり、いくら相手方がヴォーン・インデックスを作成しようとも、当該文書を見ない限り、適正に分類されているかの検証は不能である。結局、判断者たる裁判所が当該文書を見ない限り、不開示事由の該当性について適正な判断をすることはできない。

平成21年1月15日最高裁第1小法廷決定も、立法によるインカメラ審理の導入は否定しておらず、早期に立法による制度化が必要である。


（2016（平成28）年2月1日執筆）

別表（網掛け地は不服申立て関連、イタリック体は第４回、太字は第５回、第６回分）

第１回、第２回技術検討委員会について（大阪市は不服申立て、国は訴訟）	
2011.11.7	守る会→大阪市長：情報公開請求「第１回、第２回同委員会の議案内容の全文と議事録、議案に付属する資料・図面の一切」
2011.12.20	部分公開決定
2012.1.31	守る会→国：情報公開請求「「第１回、第２回同委員会の議案内容の全文と議事録（打ち合わせメモを含む）、議案に付属する資料・図面の一切」ほか
2012.2.6	守る会→大阪市長：不服申立て
2012.3.29	国：行政文書開示決定通知書　メモはほぼ黒塗り、議事録なし
2012.8.22	大阪地裁に提訴
2012.12.21	大阪市情報公開審査会でＨ氏意見陳述、補佐人が補足説明
2014.3.27	地裁判決：資料以外ほぼ不開示
2014.4.9	大阪高裁に控訴
2014.9.24	大阪高裁判決：控訴棄却
2014.10.6	上告・上告受理申立て
2014.10.24	大阪市情報公開審査会答申（第380号）ほぼ全面開示の意見
2015.2.6	大阪市長：ほぼ全面開示を決定
2015.12.18	最高裁判決：開示された部分について棄却判決を取り消し却下

第３回、第４回委員会（市・国とも訴訟）について　**第５回、第６回は提訴なし**	
2012.5.17	Ｈ氏→大阪市長・国：情報公開請求「第３回同委員会の議案内容全文と議事録（打ち合わせメモを含む）、議案に付属する資料・図面の一切」
2012.6.14	大阪市：部分公開決定　議事録、メモはほぼ黒塗り
2012.6.18	国：開示決定　メモはほぼ黒塗り、議事録なし
2012.8.22	国・大阪市を大阪地裁に提訴
2013.4.5	*Ｈ氏→大阪市長・国：情報公開請求　第４回同委員会についても同様の公開請求*
2013.5.17	*大阪市：部分公開決定　議事録、メモはほぼ黒塗り*
2013.5.30	*国：メモほぼ黒塗り、議事録なし*
2013.11.11	*大阪地裁に提訴*
2014.3.27	地裁判決：ほぼ不開示
2014.4.9	大阪高裁に控訴
2014.9.24	大阪高裁判決：控訴棄却
2014.10.24	大阪市審査会答申（第380号）：ほぼ全面開示の意見
2015.2.6	大阪市長：ほぼ全面開示を決定
2015.6.22	大阪市長：新たな公開決定。第３回、第４回議事録ほぼ全面開示
2015.6.22	**ほぼ全面開示（第５回、第６回）**
2015.8.25	第４回分の訴訟を取り下げ
2015.12.18	最高裁判決：開示された部分について棄却判決を取り消し却下

第5章　医療情報

第1節　医療分野における情報公開法の活用とその成果

医療情報の開示を求める市民の会　副代表　岡本隆吉

1　理学療法士を目指した学生が自殺！　全面勝利判決と制度改革

２０１８年６月28日、大阪地裁は、学生が自殺したのは実習指導者の違法行為・違法発言が原因であり、専門学校と実習先は安全配慮義務に違反したとする判決を言い渡した。原告が請求した約６１００万円全額の支払いを命じる画期的判決であった。自殺した学生（当時39歳）は、実習指導者から命じられた過重な課題と繰り返される心理的圧迫により追い詰められて、２０１３年11月29日に実習先を飛び出し、兵庫県の須磨浦山上遊園で遺書を残して自殺した。妻は、実習先でのハラスメント被害を夫から聞いていたが、実習先と学校は自殺の原因について知らぬ存ぜぬを繰り返すばかりだった。就職先まで決まっていた夫がなぜこんなことになったのか。妻は、実習先のハラスメントを知りながら対応しなかった専門学校「近畿リハビリテーション学院（高寿会）」と実習先の医療機関「辻クリニック（一裕会）」に対する怒りを「裁判に訴えてはらすしかない」と考え、夫の自殺翌年の２０１４年11月28日に提訴した。

役立った情報公開制度――厚労省や大阪府からの情報開示！

２０１５年5月、中の島祭りの交流テントで原告から相談を受けた私は、帰宅後、医療六法を確認し、理学療法士及び作業療法士の法体系を調べた。施行規則やガイドラインでは、学生の受け入れ数や専任教員・決算等について監督官庁に対する年度ごとの報告が養成校に義務付けられていた。まず、養成制度全体の実態を把握しようと考え、情報公開請求を活用することにした。

①厚労省へは、「過去5年間で理学療法士・作業療法士協会など関連業界との打ち合わせ内容一式」等の開示請求をおこなった。開示された資料で明らかとなったのは、業界がかなり以前から養成制度全体、特に臨床実習に対して強い危機意識を有しており、制度改革を厚労省に申し入れしていたことであった。業界側の動きを確認した一方で、申し入れ内容そのものは不十分で実態はより深刻だと認識した。そこで、制度改革の独自案を作り要望書として提出したり、国会議員からの質問主意書提出で補完してもらう事が出来た。

②近畿厚生局へは、「近畿リハビリテーション学院等を調査した内容や本庁からの要請で事情調査した内容が判る資料」「学院中請届・変更届・H21～27年度業務報告書」「学院のH18～H22損益計算書」等の開示を請求した。開示された資料から、毎年定員数を大幅に超える学生を入学させ、教員数は規定の人数に不足していた事実が判明した。その一方で、原告の夫が在学していた4年間の利益率は30％を超え、毎年1億円以上に上っていた。さらに、近畿リハビリテーショ

ン学院は、開校４年目の２００８年にも学生が実習中に自殺する事件を起こしていたが、この事実を当時の監督官庁である近畿厚生局に報告していなかった。また、２０１３年の２人目の自殺事件を知った厚生局側が指示するまで改善報告書さえ提出することはなかった。最初の学生自殺後に学校が作成した再発防止策も開示されたが、この再発防止策が原告の夫に対して全く運用されなかった事実を、原告は裁判で一つ一つ例示した。

③大阪府へは、学院が提出した報告書「決算報告書・学生の入学・留年・退学実態・教員配置実数」「H24～H26賃借対照表・H21～26損益計算書」「臨床実習に関する調査同回答」「指定規則に基づく報告について・同改善計画書」等の開示を請求した。２名の学生自殺事件を起こしながら、この専門学校は、その後も学生の定員超過や専任教員不足などの法令違反を繰り返し、大阪府から改善報告書の提出が求められていた。また、およそ40％の学生が途中退学する実態を自ら大阪府へ報告していた。退学者40％は、全国的にみても突出した数字であった。

情報公開で明らかになったのは、学生を犠牲にした利益優先の学校運営であり、近畿リハビリテーション学院の経営体質であった。２０１６年８月４日付で近畿厚生局と大阪府に対し実態調査の申し入れを提出した。臨床実習先に対しては14項目・専門学校には21項目に及んだ。大阪府は、専門学校に対する実態調査を実施し、後日、その内容を遺族に開示した。

行政を動かせば制度もかえられる！

こうした調査と実態把握の結果を証拠として裁判所へ提出するとともに、阿部知子衆議院議員による質問主意書や厚労委員会での質問にこぎ着け、療法士養成の実態について国の見解を質した。法令改正の必要性を認めた厚労省は、２０１７年６月に「理学療法士・作業療法士学校養成施設カリキュラム等改善検討会」を立ち上げ、翌年２月に報告書を公表した。原告が問題にした学生に対する過重な課題の要求はそもそも認められないこと、研修を修了した療法士だけが実習生を指導できることがガイドラインに明記され、制度改革が大きく前進する事となった。

夫を自殺で亡くした妻の怒りから始まった訴訟であったが、情報公開制度などを活用し、背景を解明することによって制度改革にまで結びつけることができた。１９９２年４月に出版された『それいけ！　情報公開』（せせらぎ出版）の「第１章ひろがる市民運動」の中ですでに述べたことだが、運動で制度は変えられる。要は実践あるのみだ。

２　脳死・臓器移植の戦いでしのぎを削った情報公開

脳死患者からの臓器移植は、１９９７年11月に「臓器の移植に関する法律」が施行され、法に定められた厳格な脳死判定を２回実施して脳死を確定した上で死亡とみなし、本人が生前に臓器提供の意思表示を残していた場合（現在は家族の同意のみで可能）に限り、臓器が摘出され他人に移植されると定められている。臓器移植終了後の通常の遺体からは骨や血管・皮膚まで剥ぎ取られる。葉書大で36枚分も剥ぎ取られ、「まるで因幡の白兎だった」と嘆いた老いた母親もいた。移植のためとはいえ、現に生きている患者を例外的に死亡とみなして行われる臓器移植は、拍動している心臓や肝臓、肺や腎臓を摘出するもので、脳死判定が極めて厳格に行われることが絶対に必要である。それにもかかわらず、数々の脳死判定における杜撰な実態が明らかとなっている。

過去に4例もの人権侵害

私達は「脳死・臓器移植による人権侵害監視委員会」を立ち上げ、厚労省移植推進室が公表する移植推進の専門家による「医学的検証報告」とあらゆる報道記事や情報公開で得た資料を検討し、4例について日弁連の人権擁護委員会に「人権侵害救済の申し立て」を行った。いずれも重大で深刻な人権侵害が認められて是正するよう勧告が出た。こうした市民の動きに対して厚労省の審議会は、家族の同意があった事例についてのみ「医学的検証報告」を公表するよう変更し、公表範囲を制限することを決定した。その結果、２０１２年から２０１８年までの過去6年間でも医学的検証が終了した２４５事例のうち、公表27、非公表２１８となっている。公表したくない行政の姿勢が明らかであり、問題事例が恣意的に非公開とされているのではと強い疑念を抱かせる。

２１５人で金沢大学を刑事告発

「医学的検証報告」の公表範囲が制限されるようになってからも、脳死判定が厳格に実施されているかどうかについての市民の確認作業は、情報公開請求によって続けられ、杜撰な実態を明るみにして来た。その一つに、脳波検査記録を紛失した金沢大学事件がある。脳死判定の中で一番重要なのは、患者にとって最も危険で人権無視の無呼吸テスト（人工呼吸器を止めて自発呼吸の有無を確認）と脳波検査による平たん脳波確認（全脳の機能が喪失しているかどうかを確認）である。この脳波検査は脳死であったことを証明する証拠であるが、金沢大学は記録を残していなかった。紛失或いは破棄していたとの事。また、情報公開請求を活用した多くの資料では、定められた高感度での脳波測定をした形跡は証明されなかった。そこで２００７年11月28日金沢地方検察庁に２１５人で刑事告発をした。ちなみに、大阪府立病院（旧）への開示請求では脳死を宣告された患者の脳波記録が全て開示され、貴重な資料となった。

5回も無呼吸検査をして脳死に追いやられた！　許せない人権侵害！

人権侵害で最も驚愕したのは、大阪府救命救急センター長太田宗夫による脳死判定だ。何と、無呼吸検査を５回も繰り返していた。これでは普通の患者でも脳死になってしまう恐れがある。また、福岡徳洲会病院では脳死判定を途中で打ち切り、数日後に再テストでやっと脳死判定を出した。無理やり脳死へと逸る気持ちが厳格性や理性を失わせるのだ。２００４年2月には、それまでに14事例について検証が終了して報告書が完成しているにもかかわらず、厚労省は公表しないでいた。そこで、情報公開請求したところ、４例の開示を決定し、残り10例は「遺族の同意を得ていない」と不開示になった。異議申し立てしたところ、審査会で審議中にぞろぞろと開示しだした。国民に知られたくないという行政の隠蔽体質は今も全く変わらない。恣意的に隠したり、書き直したり、手続きしなかったり。市民の監視機能を保障するために情報公開法が制定されたが、その立法主旨は行政には浸透していない。脳死移植に関しては、脳死判定だけでも厳格に運用され間違いがなかったか市民が独自に検証しなければ、患者の人権や尊厳は守られない実態がある。

3　医療被害者・遺族がカルテ・レセプトの開示で求める真実

改ざん・紛失・部分開示・修正記録の隠蔽・任意の提供でごまかす医療機関！

　個人情報保護法が施行された現在では、本人の個人情報開示は権利として保障され、訂正権や使用停止権も認められている。これまで、自分のカルテ（診療録）やレセプト（診療報酬請求書）を手に入れることが出来ず、弁護士に頼んで証拠保全してもらいやっと入手していたものが、自分で請求さえすれば開示してもらえるようになり、カルテ開示が広がると喜んだ。ところが、現実には殆どの医療機関が開示に難癖を付けている。「5年の保管期間を過ぎたものは出せない」とか、保険者にレセプト開示に行くと、「先に相手の医療機関に連絡する同意書を下さい。連絡して許可が出たものは出します」とか、病名を黒塗りした物だったらその場で開示してもらえると思ったら、事後に医師に連絡する同意書を提出しないと受付を拒否される事や、高額な手数料やコピー代を請求され、弁護士さんからも被害者や遺族からも相談が絶えることがない。

診療情報の開示には個人情報保護法に基づく開示請求をする事

　カルテ開示に関して医療機関による不適切な対応が絶えないのは、個人情報保護法施行の前年に厚労省が「診療情報の提供等に関する指針」を策定し公表したことに端を発している。この制度は患者に対するカルテ開示を医療機関の任意で行うよう示したもので、個人情報保護法と異なり開示が義務付けられていない。民間医療機関の殆どが個人情報保護法の運用を避けて、「診療情報の提供等に関する指針」を活用することで法的責任を逃れる勝手放題をしているのだ。例えば、岩手医科大学と近畿大学・大阪歯科大学は、カルテ開示のための申し込み用紙を「診療情報提供請求書」「診療記録等提供申入書」「診療情報開示請求書」としており、「診療情報の提供等に関する指針」に則った運用であることは明らかであるが、医療機関側は、これらの用紙で請求されたカルテ開示について「個人情報保護法に対応している」と全く矛盾した説明を繰り返している。

個人情報保護法ではなく、「診療情報の提供等に関する指針」によってカルテ開示を行うことで主に2つの問題が生じている。一点目は費用の問題だ。個人情報保護法に基づきカルテを開示している旧国立病院や大学は1枚10円のコピー代のみで資料を提供する一方で、「診療情報の提供等に関する指針」に基づき対応する私立大学・病院などは軒並み高額手数料を課した上にコピー代も1枚10～50円を請求している。京都では開示には60万円必要（1診療日7000円コピー1枚2500円約50回通院）と言われた弁護士からの相談があった。大阪では402枚の開示で10万円以上徴収された。別の病院では遺族全員の同意書を持参しないと受け付けないと請求を拒否された。いずれもいろいろとサポートして、京都の件は3000円の手数料とコピー代20円、大阪の件は約8万8千円返金してもらい、もう一件は兵庫県知事あての要望書で指導、開示となった。

二点目の問題は、「診療情報の提供等に関する指針」による開示では、開示が医療機関の任意とされるため、提供される資料が医療機関によって恣意的に選別されている事実である。大学病院に入院していた人等には、診療記録（カルテ）以外にも多くの関連資料が作成される。個人情報保護法では患者に関わる全ての資料が開示対象となる一方、「診療情報の提供等に関する指針」による開示では、医療機関側は全ての資料を開示する必要はないのである。

適切な運用をしていない大学！　阪大歯学部では手術前後のカルテ紛失で隠蔽！

２００４年に弁護士から相談を受けた。「医療被害事件で証拠保全したが、阪大歯学部で何故こんなに様式の違うカルテや同じ人が書いた筆跡で整理された看護記録が出ているのか」という疑問だった。早速情報公開と個人情報保護法を使って調査した。情報公開では31件請求、異議申し立ても多数。個人情報では患者本人に48件の請求をしてもらい、異議申し立ても多数した。

○情報公開請求項目主な内容（22項目の一部）
・病院で採用している文書保存規定や内規
・歯学部で使用している外来、入院、医局のカルテ書式（26書式のカルテが判明）
・歯学部の運営委員会、教授会、科長会、倫理委員会、医局長会の各議事録二年分
・中央病歴室運営規定又はそれに相当する資料
・顎変形症の手術前後における歯科矯正承認状況報告書6年分
・歯学部使用の病理組織学的検査依頼書と報告書、レントゲン・ＣＴ・ＭＲＩ等検査報告書、看護日誌・看護計画書、医学部と歯学部が使用している手術記録書式
・訴訟担当者が弁護士などとの打ち合わせ資料・記録。
・訴訟関係費用として使った年度別費用明細と文科省への報告した報告資料
・内閣府審査会に主張した年月日と氏名、費用明細、主張報告と資料等
○個人情報保護法での主な開示請求項目（48項目の一部）

・カルテの部分開示理由（「現在見当たらない」を「紛失した」に変更を求めて）異議申し立て
・紛失分の入院カルテ、手術記録、手術日の看護日誌の開示で（見当たらない）を紛失とするよう異議申し立て
・診療録の所在調査関連資料・会議資料・調査記述。一部不開示で異議申し立て
・診療録紛失にかかわる調査委員会に提出された資料。一部不開示で異議申し立て
・所在調査資料が保管されているファイル一式記録一式。一部不開示で異議申し立て
・診療録以外に学術、研究、医局用として作られた記録。一部不開示で異議申し立て
・法務局が保有する本人の民事訴訟関係資料
・大阪地方検察庁へ提出した診療録紛失顛末書・関連資料

結局、阪大歯学部の医療過誤についての民事賠償訴訟では、原告の敗訴が確定した。一方、途中で提訴した、カルテ紛失で原告が被った不利益についての賠償訴訟では原告が勝訴した。情報公開と個人情報保護法を活用した戦いの勝訴であった。被害者本人は、医療保険補償の件や診療報酬不正請求事件として現在も裁判続行中である。本人や遺族が受けた医療被害での苦しみや人格被害は裁判での勝訴だけでは癒されない。当事者の尊厳の回復を求める戦いに終わりはないのだ。

医療被害者やその遺族が、情報公開法や個人情報保護法・自治体の条例を使って情報を入手すれば、さらに多くの事実や真実を得ることが出来ると考え、別紙の開示請求一覧表を添えた。広くご参考にしていただけると幸いである。

阪大情報公開請求一覧表（岡本請求表）

1	2004.11.11	法人文書分類基準表（保存期間表示）	開示
2	2004.11.11	教官の海外渡航（H7.1 〜 H8.12 間について）が分かる資料	部分開示
3	2004.12.2	歯学部付属病院で H1 から本年まで使用してきた外来、入院、医局専用等のカルテ書式	開示
4	2004.12.15	顎変形症の手術前後における歯科矯正承認報告書	開示
5	2004.12.15	医学部付属病院病歴管理委員会規定	開示
6	2004.12.15	歯学部付属病院病歴管理委員会規定	開示
7	2004.12.15	歯学部付属病院医局長会レジメ（H9.1.14 〜 H10.12.22）	開示
8	2004.12.15	歯学部倫理委員会審査結果通知書	部分開示
9	2004.12.15	歯学部付属病院運営委員会議事録本文	部分開示
10	2004.12.15	歯学部教授会議事録本文	部分開示
11	2004.12.15	歯学部付属病院課長会議事録本文	部分開示
12	2005.01.17	医学部付属病院中央病歴室運営規定	開示
13	2005.01.17	診療録の保管についての確認事項	開示
14	2005.02.01	H5 〜現在まで使用している手術看護記録書式	開示
15	2005.02.01	歯学部が平成元年から使用している各種検査依頼書、検査報告書、看護日誌、看護計画書、手術記録等の書式	開示
16	2005.02.15	歯学部倫理委員会規定	開示
17	2005.02.15	受託研究申込み一覧表（歯学部産学協同問題委員会）	開示
18	2005.04.21	平成元年から現在まで医学部付属病院で使用している手術記録様式	開示
19	2005.06.14	歯学部付属病院診療情報提供実施要綱	開示
20	2005.06.14	診療情報の誤提供について病院長資料	開示
21	2005.06.14	医学部付属病院が保有する個人情報の適切な管理に関する規定	開示
22	2005.06.14	医学部付属病院における診療情報の提供に関する実施要綱	開示
23	2005.07.14	歯学部の病理組織標本の台帳	部分開示
24	2005.07.25	歯学部が診療情報を誤提供した事について文部科学省に提出した資料一式	部分開示
25	2005.08.02	歯学部の訴訟担当が弁護士等と打ち合わせに使った記録、メモ等打ち合わせ会議内容が分かる資料	不開示 異議申立
26	2005.08.02	歯学部付属病院が使った訴訟関係費用の年度、月別詳細（債務計上一覧表）	部分開示 異議申立
27	2005.11.14	報道された患者情報 518 人分紛失についての事後処理と外部報告内容が分かる資料	部分開示
28	2005.11.14	歯学部付属病院が H2 から使用していた看護日誌、計画、目標、手術日誌等看護師記載の様式一切	開示
29	2007.03.16	H6 年から内閣府情報公開・個人情報保護審査会に出張した年月日、氏名、費用、出張報告書等資料	部分開示 異議申立
30	2007.03.16	歯学部が保存しているファイル「医療事故に係る訴訟事件について」H9 〜 H18 年迄分	部分開示
31	2009.11.16	医療事故訴訟事件について文部科学省に報告している資料。H14,15,16 分	部分開示 異議申立

第2節　3年目の開示

藤井俊介（「知る権利ネットワーク関西」会員）

皆さん、予防接種には重大な副作用（リスク）があることをご存じだろうか。予防接種は、その名のとおり、恐ろしい伝染病に罹患《りかん》しないように、と言ってワクチンという劇薬を接種する医療行為である。それで死んだり、障害者になったり、病気になったりするのは、重大な契約違反である。したがって、接種を責務として強制した政府は、このようなリスクを起こさないようにする義務がある。しかし、ワクチンの経済的利益に目がくらんだ医師はもちろん、政党も、官僚も、メーカーも、情報隠しに終始している。

私は、真の民主主義では、政府は、国民の命や健康、財産に関する情報は、プラスもマイナスの情報も、できるだけ多く収集して、国民に公開し、国民各自が判断して選択すべきだと考えている。この観点からすると、人権革命の歴史を持たない日本の民主主義は、情報公開によって、やっと一歩を踏み出したと考えられる。

アメリカ合衆国のCDC（疾病管理センター）の報告書には、予防接種の利益（A）とリスク（B）＋コスト（C）を比較して、A＞B＋Cならば予防接種は実施。A＜B＋Cならば中止にすべき、という記載がある。ところが、日本政府は、リスク（B）はゼロに限りなく近いとしているので、A＞Cとなり、ワクチンの被害が続発している。親（親権者）が気付かないのである。子供の発熱やけいれんが、３週間前に接種したワクチンが原因だと気付く親（親権者）が何人いるだろう。

私は、二十年来このリスク（B）の発掘を続けている。堺市や大阪府の情報も収集した。国の情報公開法に基づく請求も行った。「医薬品副作用感染症・症例報告書。ワクチン（はしか、風疹、ムンプス（おたふくかぜ））１９９９年度」の情報である。最初は１９８２年以降という請求だったが、厚生労働省の担当者から「件数が膨大だから、１年度分にしてくれ」とのことで、変更した。なるほど1年度分だけでも75件もある。そのうちの９件の報告書を請求した。平成15年３月11日厚労省大阪事務所に提出。同13日厚労省情報公開文書室受付。４月10日開示決定等の期限の特例規定の適用（期限内には出せないということ）。５月12日９件について開示決定。６月７日開示書類を受け取る（ほとんど黒塗り）。同27日異議申立て書を送付。平成16年４月６日厚労省の理由説明書送付と当方の意見書・資料を提出。同24日情報公開審査会へ意見書を提出。10月14日審査会の答申書を受け取る。12月28日厚労省の決定書を受け取る。平成17年１月12日行政文書開示請求書を送付。同25日開示書類を受け取る。

開示された書類は個人の氏名、印鑑以外はほとんどそのままの書類である。医師の所見等には重要な内容がある。たとえば、「風疹ワクチンの副作用は、接種後３週間前後に多発する」とある。従前厚労省は、多発は10日前後として21日までしか調査していない。

市や府に対して、ワクチンの副作用情報を請求した際にも感じたことであるが、若い担当者は、書類を見て、情報の重大性を知り、比較的広く開示するように思える。情報は自分の子供にも重大な関係をもつものである。

全国の市町村、都道府県でも行って、若い官僚に、このような重大な情報が隠されていることを自覚させることは、被害防止にも役立つのではないかと、期待する次第である。

（『ＮＥＷＳ』２００5年3月号）

第３節　新型の収容病棟を知ろうと開示請求した

浅野詠子（フリージャーナリスト）

傷害などの事件を起こし、刑事責任が問われない精神病者を収容する近畿で第1号の病棟が２０１０年、奈良県大和郡山市内にできた。強制的な治療が行われている。実態を知ろうと私は翌年から2年間、取材した。人身を拘束する新しい仕組みは、ほとんど誰にも知られていない。

病棟は、池田小事件をきっかけに成立した新法・心神喪失者等医療観察法に基づく。取材では、入院を経験した当事者をはじめ、家族や精神科医らに聞き取りをした。同時に、全国の公立約30カ所の精神科病院にできた専用病棟（計約８００床）の会議録などを開示請求し、分析した。入院が長期化する問題点をはじめ、「早く出してあげたい」と逡巡する担当医らの思いが書かれた記録も見つかった。

不当な黒塗りの個所が目立ったのは、国立の病棟である。総じて、県立の施設の方が透明度は高かった。埼玉県立の病棟などは、会議に出された付属の資料も要りますか？　と担当者が聞いてくれたので、充実した文書を入手できた。

これに対し国の方は、たとえば新病等の建設工事をめぐる開札録において、落札しなかった応札企業の名前まで黒塗りとなり、お話しにならなかった。自治体の情報公開制度は国よりずいぶん早く制定され、運用の歴史がある。不必要な黒塗りが訴訟で覆ることも多々あり、経験を積んでいる。とはいえ、国家が推進する収容を安易に自治体が受け入れることは考えもので、厳罰化の潮流などについては論議を深めていく必要があると思う。

法案段階では、人権上の疑問から民主党は反対したが、政権を奪取してからは、病床が増えていった。公立の新しい病棟は、既得権を拡大していく。ちっぽけな監視も大事だと思い、くだんの大和郡山の病棟については、竣工記念の見学会に招待者にふるまわれた記念ボールペンの発注に伴う見積り合わせの結果まで開示請求した。

この病棟は、池田小事件が引き金となっただけに、通り魔専用などと地元の人々に恐れられている。実際は、犯人と同じタイプの人格障害を負う者は、薬物療法が難しいこともあって、受け入れていない。よって同種の犯罪を予防できる施設ではない。収容されているのは、家庭で親を殴ってしまったような病者も結構いて、温かい支援があれば街で暮らせる。この病棟に入ったというだけで烙印が押され、割を食っている。

取材ノートは『ルポ刑期なき収容——医療観察法という社会防衛体制』（現代書館）という本になった。版元が見つかるまで苦労した。はやらないテーマだが、書かないよりは書いてよかった。

第6章　個人情報

第1節　最高裁の「内申書訴訟上告棄却」の意味

山口明子（「教育情報の開示を求める市民の会」代表）

２００４年１月20日、最高裁は高槻市内申書訴訟の上告を棄却した。これで、１９９８年１月から続いていた内申書の入試前開示を求める訴訟は終わった。

１９９１年１月、高槻市の森本未樹子さんが初めて内申書開示を求めた裁判の大阪地裁判決（１９９４年）のなかで、「総合所見」欄以外の各欄について入試前開示は認められ、また大阪府教委は１９９６年以降、入試後は内申書を全部開示しているから、「総合所見」欄の入試前開示だけが争点として残っていた。今回の結果に、まただめだったかと我々はがっかりしていたのだが、しかし、３月末に開いた「教育情報の開示を求める市民の会」の集会における教育情報開示弁護団の瀬戸則夫弁護士の報告を聞き、訴訟の経過をたどってみると、それほど悲観しなくてもいいのではないかと考え直している。

1　高槻市教委の「非開示事由」と訴訟提起

高槻市教委は1998年1月の高校入試内申書開示請求に対して、2月、「各教科の学習の評定（以下「評定」と略称）」欄は開示するが「総合所見」欄は入試事務終了後の4月5日以後に開示する（現在の大阪府の内申書にはこの2欄しかない）と決定した。後者を非開示とする理由は「入試事務期間中の開示は選抜の公正かつ適正な事務執行の妨げになるおそれがあり、高槻市個人情報保護条例13条2項3号の非開示事由に該当する」というものであった。

しかし、「評定」欄は開示するのに、「総合所見」欄を開示すると「選抜の公平・適正な事務執行を損なう」という理由は理解しがたかった。すでに内申書の入試前開示についての異議申立てにおいては、高槻市個人情報保護審査会は2度にわたり全面開示すべきことを答申していることから、請求者は異議申立てではなく直ちに訴訟を提起した。ただし、非開示となった「総合所見」欄は4月6日には開示されて「訴えの利益」がないとして却下されるおそれがあるので、①市教委の決定は違法であるから取り消せという請求のほかに、②この違法な決定は市教委の故意または過失によるものであり、この決定によって精神的苦痛を被ったとして慰謝料請求を付け加えた。

2　「奇妙な」地裁判決

裁判が始まると市教委の主張は、「この決定は開示を受けられる自治体と受けられない自治体との間で不公平が生じるのを防ぐためである」ということに終始した。入試全体の実施責任者である大阪府教委が入試前開示をしないようにと何度も高槻市教委を「指導」していたこともこの訴訟の過程で明らかになり、高槻市教委の決定はそれなりの苦心の産物であることは判明したが、結局、２０００年4月27日の大阪地裁の判決は、

「被告らは終始一貫、開示を受ける志願者と開示を受けない志願者との間に不公平が生ずると主張していたが、これについては、自己情報開示請求権が、条例に依拠するものである以上、当然予想されることで、それが、非開示事由になることはそもそも想定されていないから、被告らの主張は、法律的な分析が不足していると言わざるをえない」

として被告高槻市教委の主張を全面的に否定しておきながら、

「『総合所見』欄を開示すると、記載が形骸化し、入学者選抜資料としての意味が失われる可能性がある。このような意味において、本件非開示決定が適法であるとの見解も一定の論拠がある」

として①については決定を妥当であるとした。しかし実はこれは被告自身が全く行っていなかった主張であった。というのは、大阪府教委が入試後には内申書を全面開示しているのであるから、こういう主張をするはずがないのである。

さらに、

「この問題は微妙な問題であり、かつ、先例となる最高裁・高裁判決もなく、他の自治体においても入試前に条例に基づいて開示した例はなく、一方、府教委からは非開示を強く要請されていたために、市教委として条例2項3号に該当するとした判断自体は、法的にも根拠のある見解であったと言わざるをえない」「本件決定が違法であるとしても、少なくとも被告各構成員には過

失は認められない」として、結局②の慰謝料も認めなかった。

これはまことに奇妙な判決であった。確かに決定の段階では市教委は条例2項3号に該当するとしていたけれども、裁判においてはその具体的内容として「形骸化」その他の主張をしたこともなく、専ら条例を持たない自治体との均衡がとれないことのみを主張してきた。そして地裁は、その主張を「法律的分析が不足している」と退けながら、他方で被告が法廷で述べてもいない主張をわざわざ拵えてやり、「被告の判断には一定の論拠がある」と認め、さらに「仮に違法であっても、故意または過失はない」としたのである。

3 高裁も「相当であったとは言いがたい」と判示

この判決は理解に苦しむものであったが、いずれにしても却下・棄却されたことは事実なので、原告は直ちに控訴した。そして、「被告自身が裁判中で立証していない主張を裁判所が採用し、不意打ちの判断をしたことは弁論主義違反である」という控訴理由が加わった。

2001年1月30日の大阪高裁判決は、①については「回復すべき法律上の不利益はない」として却下した。②については、市教委の「不公平性」の主張に関しては、やはり条例の性質上当然に予想されていることで、非開示の理由にはなりえないという判断を示したが、その判断自体の過失の有無に関しては、

「被控訴人市教委は……入試事務終了期間前の『総合所見』欄の開示につき、司法判断や学説、あるいは他の地方公共団体における取扱いがいずれも確定しているとはいえない中で、微妙な法

律判断を迫られ、入試の実施機関として、前記の不公平をできる限り避けたいとの考えのもとに、入試事務終了前の開示が本件条例13条2項3号に該当するとの判断に達したものと認められるのであって、その判断自体は、当時としては一応の論拠があったというべきである」「そうとすれば、被控訴人市教委の判断が相当であったとはいい難いとしても、右判断をしたこと自体に過失があったとまではいえないと解される」

として、他にも過失がないから、賠償請求は理由がないという結論となった。

4　上告棄却は希望を残した

さて、ことし1月の上告棄却に、またしても内申書の入試前の開示が認められなかったと私たちは落胆したのだったが、よく考えてみると、最高裁判決は「上告棄却」であって、「開示をしなくてよい」といったわけではない。つまり控訴審判決が生き返るということになる。とすれば、高裁判決は、「高槻市教委が非開示を決定した当時の状況としては、入試前の開示の例もなくまた先例となる判決もない中で、間違った判断ではあるけれども、不公平を避けたいという考えのもとで、条例13条2項3号に該当するとした判断自体は、当時とすれば一応の論拠があった」と言っているに過ぎず、「その判断自体が相当であったとはいい難い」とまで言っているのだから、状況が変わったなかで同じ判断をすれば、今度は「過失があった」とされる余地があることになる。そこで「状況」について考えてみれば、高槻市教委の決定後2年足らずの1999年11月には、大阪高裁が内申書の入試前開示を認める判決を下した。2002年2月には山梨県教委が、

3月には堺市教委が入試前開示を認めた。つまり「状況」は大いに変化したのである。

高裁判決は、判断自体は「相当ではなかった」が、当時としては止むを得ないとして大目に見たと考えれば、基本的には非開示の理由はないことが認められたと解することができ、この上告棄却にも一縷の望みをつなぎ得ることになろう。そしてこの点で、高裁判決を取消し、改めて文書記載欄などを非開示とした地裁判決を支持した大田区指導要録訴訟判決に見られる昨年11月の最高裁の判断とは、やはりかなりの差が見られる。

現実には指導要録も内申書も行政判断での開示は進んでおり、すでに開示した自治体が非開示に転ずることは考えられないが、新たに開示請求が出された自治体での判断に影響を及ぼさないとは言い切れないのが気掛かりである。しかし、少なくとも高槻市教委が内申書の事前開示を認めなかったことは「相当であったとは言いがたい」という司法判断が確定したことを改めて確認し、今後の事前開示請求に望みをつなぎたい。

ところで、「教育情報の開示を求める市民の会」は、内申書・指導要録の本人開示という設立当初の目的は一応達したとして、今回の判決を機に解散したことを、この場を借りてご報告し、長年のご支援にお礼申し上げる。

5　内申書を全面開示した自治体

高校入試内申書を全面開示した自治体の数は、指導要録の場合ほど多くはない。それは公立高校の入試の責任は（内申書の様式決定権を含め）都道府県教育委員会にあり、しかも内申書の作成から提出までの時間が短いために、開示請求はほとんど都道府県教育委員会宛になされている（つまり対象となる自治体数が47しかない）ことが大きな理由であろうと思われる。しかし一旦都道府県教育委員会が原則開示を決めると、開示件数は多くなる（例えば兵庫県では２０００年度まで２００件余、２００１年度は１００件余の請求があり、すべて開示されている）。

その他に幾つかの市で開示した例があるが、これは市立中学校が内申書のコピーを保管して開示する場合（川崎市・逗子市など）と、市立高校をもっている自治体がその高校宛に請求された内申書を開示する場合（大阪市・姫路市など）とが考えられ、さらに稀には、高校に提出する以前に中学校が開示した場合もある。

（『ＤＩＧＥＳＴ』「個人情報の保護——運用の課題⑨」２００４年８月13日12号）

第２節　個人情報保護法※施行１年の検証

（※２００５年４月施行の旧個人情報保護法に関するもの）

平松　毅（関西学院大学元教授）

個人情報保護法が施行されて１年が経過した。この法律は、住基ネットに欠陥があってそれを補うためにできた法律なのに、欠陥が多くある。そこで今日はこの法律にどのような問題点があるのかを話したい。

この間、この法律が個人情報を秘密にする法律と誤解され、郵便配達人に住所を聞いても、個人情報だから教えられないなどの運用が定着し、それが是正する組織的試みは存在しない。そこで、この法律の問題点をドイツ法と比較しながら、指摘し、改善の方向性を示すことにしたい。

1　法律の究極目的

この法律を制定した究極目的は、個人情報に関する自己決定権を保障することにより個人の人格的発展を確保すると共に、民主主義を機能不全に陥らせないことにある。すなわち、我々は、国や他人が自己に関してどのような情報を保有しているかを知ることができない場合、あるいは他人が自己に関してどのような情報を収集しているかを予測することができない場合には、我々は国による評価又は他人との人間関係の形成に不安を感じるから、自己の個人情報を開示しないようにしたり、自己の行動を自粛することによってありうべき害悪に対処しようとするであろう。従って、個人情報保護法の目的は、個人に自己に関する情報がどう利用されているかについての予測可能性を与えることにより、個人の自律性を確保することにある。

2　自己情報決定権の欠如

個人情報保護の目的を達成するためには、国民に自己に関する個人情報がどうして収集され、使用されているかについての自己決定権を与えることが一つの対策となる。すなわち、個人情報を収集・使用する場合には、本人から収集し、本人に通知することが望ましい。この目的は、個人に自己情報決定権を与えることによって、よりよく達成されるであろう。しかし、日本の個人情報保護法の目的規定では、「事業者の遵守すべき義務を定めることにより」（第1条）と定め、公的機関や民間機関に、個人情報処理についての一定の義務を課することによって、間接的に個人情報保護の目的を達成しようとしているに過ぎず、国民に権利を与える構成になっていない。この点が、ドイツの個人情報保護法が人格権を新に創設し、「個人情報の処理により、その人格権が侵害されないこと」を目的としていることと相違する点である。

この点が、法律にどう反映されているかについてみると、日本の法律では個人情報取扱事業者は、本人に対する通知をしなくても、すなわち、現実に本人が知らなくても、あるいは本人が反対の意思を有していても、単に「公表」（18条）又は「知りうべき措置」（23条）をとることによって、本人の個人情報を合法的に処理することができるとしている点などに見ることができる。例えば、日本では、株式や国債の購入を勧める電話がかかってきたときに、情報の入手先を尋ねても答えてはくれない。日本では、情報源は開示の対象になっていないからだ。しかしドイツでは、個人情報保護法は、自己情報決定権を具体化したものなので、これに対しても配慮している。

3　連帯の基盤としての個人情報保護

個人情報保護は何のためか、ということ。

個人に自己情報決定権を与えたとしても、このことは個人が自己に関する情報処理についての全権を有することを意味しない。個人情報保護措置は、個人が社会から孤立することを正当化する権利ではない。国民は、衣食住すべてにわたって、他人との相互扶助がなければ生存していけない以上、相互扶助に必要な個人情報は提供しなければならない。現在、公開されている不動産、自動車、住民基本台帳、電話番号などは、この種の情報である。そして個人情報保護法の目的は、個々人が交際する相手方に対応して、それぞれの人々に与える自己に関する情報を取捨選択することによって、すべての人々とよい人間関係を形成し、すべての人々と連帯することができるようにすることができるようにすることにある。そのためには、交際する相手方との機能不全を招く個人情報の流通を阻止しなければならない。これがプライバシーの権利なのである。しかし、個人情報保護法が施行されて以来、ダイレクトメールや勧誘電話に神経質になり、これらに個人情報が利用されないことがプライバシーだと誤解されるようになった。

そこで、ある個人情報を提供するかどうかは、提供することによる公益（国民が連帯することによる利益）と提供することによる不利益（他人とのよい人間関係が阻害されることによって蒙る不利益）の比較考量によって決定すべきであることになるから、この旨を法律に規定する必要がある。

4　判断基準となる目的規定の欠如

目的規定は、裁判官が原告と被告のどちらが適法かを判断するよりどころになるものであるが、この法律には、何を保護するのかについての規定がない。目的規定には、単に個人の権利利益という内容のない言葉があるにすぎない。この法律が保護すべき利益は、国民の憲法上の権利である人格権に含まれる自己情報決定権（情報に関する自己決定権）である。そのために法律は、社会と連帯するために必要な個人情報を提供すべきこと、そしてこれに該当しない個人情報については、個々人の判断により、他人とよい人間関係を形成するために、つきあう相手方に応じて何を提供し、何を秘匿するかを個人の自己決定に委ねる法律なのである。そこで、法律により保護されるべき利益は、人格権の一部であるが、人格権に基づいて具体的に何を秘匿するかの判断は、事例毎に具体的に判断しなければならない。そこで、ドイツの個人情報保護法は、法律によって保護される利益を「法的保護に値する利益」と定め、最終的には裁判官の利益考量により法律の保護を受けるか否かが定まることとした。要するに、個人の人格的利益という漠然とした利益を保護する法律において、所有権とか著作権のように内容の確定した既存の利益を保護するのと同じ形式で条文を構成したことに問題があったといえる。

5　比較考量具体化の必要性

ドイツの個人情報保護法では、民間の機関が個人情報を利用する場合、4段階に区分し規制に差を設けている。

（1）個人情報が一般に公表されている場合又は公表することが許されている場合、本人の保護に値する利益が明らかに優越する場合でない限り、個人情報の利用及び提供が許される。

（2）宣伝や市場調査のために、ある集団への所属、職業、氏名、称号、学位、住所、生年だけを利用する場合には、個人の保護に値する利益は存在しないものと推定されるから、収集した目的以外の他の目的のためにこれらの情報を利用することが許される。

（3）これ以外の通常の個人情報は、原則として本人の同意が必要であるなど、法律による規律が適用される。

（4）次に、個人のプライバシーが存在すると推定される個人情報（要配慮情報）、すなわち、人種的民族的出自、政治的意見、宗教的又は哲学的信条、労働組合への加入、性生活に関する事項を含む個人情報を処理する場合には、本人の同意を求める場合にも、その情報を明示的に特定した上での同意を求めるとか、処理する前に事前審査が求められるなど、より厳格な基準が適用される。

ところが、日本の個人情報保護法には、情報の種類によるこのような区別をしていない。

6　名簿の利用

個人情報保護法が施行されてから、名簿が発行されなくなった。例えば日本紳士録も来年から刊行を中止することになっている。卒業名簿や会社の名簿なども同じである。

ドイツ法の場合、名簿の形式による個人情報の提供について特別の規定を設けている。所属組織、職業、氏名、肩書、学位、住所、生年だけから成る名簿を、目的外利用である宣伝、市場調査又は世論調査のために提供又は利用する場合には、本人が提供又は利用させないことについて保護に値する利益を有すると推定する理由がない場合には、許される。このほか個人情報を収集する場合、提供する場合毎に細かい規定があるが、このような細かい配慮は日本法には欠けている。そのため、名簿を発行すれば、これらが名簿業者の手に渡り、何に利用されるかわからないという不安から、名簿が業者の手にはいること自体を防ぐために、名簿の発行をやめるという過剰反応が生じたのであろう。こう考えると、その一因は、立法の欠陥にあるといえる。

7 「本人の利益」の限定的解釈

「本人の利益」の限定的解釈が条例に入れられていなかったために、起こった事例を考えたい。報道によると、9月の集中豪雨で床上浸水の被害を受けた中野区の800世帯について、税の減免や受信料免除が受けられるように、担当課長が住所と氏名を都税事務所とNHKに提供したところ、住民から勝手に個人情報が提供されているとの通報があり、区議会で問題となり、担当課長が処分されたと報道されている、条例に、目的外利用のための例外規定に「個人の利益になるとき」という条項がないことに原因があったようであり、そのため「生命、健康又は財産に関する危険を避けるためやむを得ないとき」に該当しないと解釈されたようである。

日本の行政機関個人情報保護法をみても、同法8条4号に規定されている「本人以外の者に提供することが明らかに本人の利益になるとき」の解釈として、当然許容されるであろうが、条例にこの種の規定がないと、それは条例の欠陥といわざるを得ない。

8　官庁及び企業による自律的規制

法律を運用する企業や官庁の解釈が違法又は適切でない場合も少なくない。これらのことは、法令を運用する現場に、法令の解釈運用についての専門知識を有する責任者がいないことに原因がある。各市町村では、一応助役とか総務部長を責任者に任命している場合もあるが、それらの人々は専門家でないし、加えて利益相反による適格性に問題がある。

9　独立の監視機関の設置

個人情報の処理は我々の目の届かないところで専門家によって行われ、保護すべき利益は、人格権という伸縮自在の権利なので、ＥＵ諸国を初め多くの国では、会計検査院のような専門家から成る独立の監視機関を設置して、法律解釈を統一し、権利侵害を事前に予防している。例えばドイツでは、法律の遵守を監視するための独立の監視機関を設置している。

（以上、文責有田具弘）

（『ＮＥＷＳ』「総会記念講演録要旨」２００７年12月号）

◆

個人情報保護法は、旧法施行以来10年間にビッグデータの利活用する技術が発展し、ＥＵデータ保護指令などの国際的な個人情報保護に対応する必要性などから２０１５年に改正され、２０

17年5月30日に全面施行された。このため、平松毅氏から「改正個人情報保護法の検証」という追加の投稿があり、紙面の都合上、その要約を掲載します。

主な改正点は次の通り。

①個人情報を5千件以下しか扱わない中小事業者も同法の対象となった。
②「個人識別符号」（指紋、DNA等身体の一部の特徴をデータ化した符号や、個人に発行される保険証番号・マイナンバー等）、「要配慮個人情報」（「人種・信条・社会的身分・病歴・犯罪の経歴・犯罪により害を蒙った事実」を含むため特段の配慮が必要な情報）、「匿名加工情報」（個人の特定ができないよう加工し、復元もできなくしたもの）の定義が明確になった。
③個人データを第三者に提供するときの記録を作成して保存することが義務付けられ、例えば、迷惑電話の相手方に個人情報の入手先を問うことができるようになった。
④外国にある第三者に個人データを提供するには、本人の同意が必要となった。
⑤個人情報取扱事業者が保有する個人データに関し、利用目的の通知、開示、訂正等、利用停止等の本人請求権が、裁判で救済を求めることができる権利として認められるようになった。
⑥個人情報保護委員会が内閣府に設置された。同委員会は、個人情報取扱事業者に対し、報告の徴収、立入検査、指導、勧告、命令などの監督権限を持っている。

投稿　「おもろい人たちやなあ」——情報公開ツアーのノリで（元「情報公開法を求める市民運動」事務局長　奥津茂樹）

「おもろい人たちやなあ」

それが、「知る権利ネットワーク関西」の皆さんに会ったときの第一印象でした。一人ひとりの、やや濃すぎるキャラは言うまでもなく（笑）、何よりもおもろかったのが「情報公開請求ツアー」でした。公害、薬害、人権侵害などなど、情報公開は秘密主義に苦しんできた人たちの経験を起点としているため、ボク自身もなんとなくマジメな方向で取り組まなければならないなあ……と感じていました。ところが、かつての流行語「赤信号みんなで渡れば怖くない」みたいなノリで、ボクの前に「情報公開請求ツアー」が登場したのです。その「衝撃」は今でも忘れられません。

ボク自身はＮＧＫ（なんばグランド花月）を聖地とあがめているように、基本的にはおもろいことが大好きです。それを、関西のおっさん、おばはんたちに先を越されてしまい、「やられたあ！」感が強く、ちょっぴり悔しかった記憶があります。

ただ、今風にいうと「情報公開請求ツアー」はプロジェクト型のチームとしての取り組みであり、そこに大きな意義があったと考えています。そもそも条例や法が定める権利は、個人に対して保障されたものです。しかし、あらゆる人権がそうであるように、また毎日の暮らしや人生がそうであるように、一人ひとりが権利を掲げて孤独に戦うよりも、みんなで一緒に戦った方が心強いはずです。また、ツアーを通じて、情報公開にかける一人ひとりの思いを聞き、共感し、支え合えることは、請求結果にかかわらず、困難な課題に向かっていくときのエネルギーになります。

若いころのボクはそんな分析・言葉もなく、ただ単に関西の「おもろい人たち」に会い、話をしたり、食事をしたりすることを楽しんでました。細かい理屈なんか抜きに、直感的にあかんことは「あかん！」と言って、みんなで行動する姿に元気をもらい、たくさんのことを身につけさせてもらったと深く感謝しています。

２０１７年の総会での講演を機に、なつかしい方々と再会を果たせました。そして、あの「情報公開請求ツアー」が健在であることに大いに感心し、ボクも、もっともっと「がんばらなあかん！」と痛感したしだいです。現下の悩みは、好奇心にブレーキがかからなくなり、仕事や地域活動が忙しすぎることで、執筆・講演以外では情報公開の分野での活動がまったくできていません。

ただ、「みんなで渡れば怖くない」の精神はしっかり受け継ぎました。後先をまったく考えずに、地元に交流スペース「さくら坂スタジオ」を設けて、若い世代のさまざまなチャレンジを支援するなど、行政に依存しないまちづくりプロジェクトを始めています。知る権利ネットワークの皆さんのように、自分が暮らす小さなまちで「おもろいおっさん」と親しまれるよう、ボクも生きていきたいと思います。

このままずっと「情報公開請求ツアー」を続けていてください！

第7章　情報公開ツアー

神野武美

第1節　沿革

「知る権利ネットワーク関西」やその有志会員が主催または参加する「情報公開ツアー」は、1988年9月17日（対大阪府）から2018年2月14日（対吹田市）まで、数えると約70回に達する。その意義は「体験」と「検証」である。「体験」は、自治体や国に対して「情報公開請求権」を行使するという公的な性格を帯びた行為を一般市民に体験してもらい、市民参加の糸口にしてもらうことである。「検証」は、情報公開制度の運営が不備だったり、市民が権利を行使する際に「言いくるめて」その権利行使を妨害したりしないよう監視したり、行政交渉を行って改善を促す行動である。2000年ごろまでは「体験」が重視され、「情報公開請求体験ツアー」と題されていたが、近年は「情報公開請求ツアー」と名乗るのが一般的である。

その種類もいくつかある。1つは、自治体の情報公開条例や国の情報公開法に基づく開示請求権の行使。２つ目は、かつて「閲覧」を見るだけと解釈してコピーを認めなかった政治資金収支報告書や国会議員の資産公開の「閲覧ツアー」である。手書きでメモを取ることの困難さを検証しアピールするのが目的である。３つ目は、情報公開法制定前の１９９８年12月28日に閣議決定された「行政情報公開基準」を根拠に中央省庁やその出先機関に情報公開を迫る、「霞が関ツアー」や「谷町筋ツアー」である。むろん、情報公開法施行後も行っている。４つ目は、情報公開法の実施機関になっていない裁判所の「情報公開」への姿勢を問うための「裁判所ツアー」。このほか、２０１１年3月の東京電力福島第一発電所の過酷事故を踏まえて、「原発銀座」とよばれる福井県に対し原子力情報の公開を請求する「原発ツアー」、韓国の情報公開制度の実態を検証するためソウル市を訪れた「韓国ツアー」がある。

情報公開ツアーは１９８８年から２０００年ごろまでは年に3、4回実施し、１９９２年には11回を数えた。自治体レベルで情報公開条例が次々と制定され、情報公開法制定の動きが活発になった時期である。仕事を持つ公務員や教員、会社員がメンバーの中心のため、当時は隔週週休2日制だったことから土曜日に設定したり有給休暇を取ったりして対応した。しかし、２００１年4月に情報公開法が施行されると、情報公開制度の定着とともに、集団で様々なテーマで一斉に公開請求をするスタイルから、個人や市民団体が個別に公開請求し、非公開には不服申立てや裁判で闘う形が中心となった。

再び情報公開ツアーが動き出すのは２０１４年ごろから。特定機密保護法が２０１３年12月に成立し、情報公開の流れが逆コースをたどり始めたからだ。気が付いてみると、「先進的」とみられてきた大阪府内の高槻市などの自治体も請求権者を「市内の住民や在勤・在職者などに限る」という昔ながらの情報公開条例を維持していることがわかった。このままでは、情報公開の後退は免れないという危機感が生まれている。

第2節　地方自治体への情報公開体験ツアー

情報公開請求体験ツアーは、大阪府が最初であり、自治体の情報公開条例の施行日やその直後に実施された。実施した自治体は現在、大阪府、大阪市、堺市、吹田市、高槻市、守口市、東大阪市、八尾市、茨木市、寝屋川市、河内長野市、島本町、忠岡町といった大阪府内に加え、兵庫県、奈良県、神戸市、京都市、西宮市、尼崎市、奈良市などで地元の団体などと共催する形で広がった。

1　「体験」がゴルフ場開発反対運動の成功を導いた

「体験」の意義が発揮された典型的なケースは、1989年6月16日、大阪府に行った「情報公開請求体験ツアー」である。ゴルフ場開発の反対運動をしていた河内長野市在住の桃山学院大学教授（現名誉教授）松永俊男さんが『知る権利ネットワークNEWS』（1994年5月30日）にその意義について書いている。初出は、STS関西ニュースレター『科学・技術・社会』第9号（1994年5月15日）に掲載された『STSと情報公開』である。

〈ゴルフ場開発と情報公開〉

筆者が情報公開に関わるようになったきっかけは、地元の河内長野市でゴルフ場建設反対運動に参加したことである。ゴルフ場は広大な山林（18ホールで130ヘクタール）を伐採し、大量の農薬で無理に芝生を維持し、1日に200人が利用するだけ。まともな精神の持ち主なら耐えられないような環境破壊である。

1989年5月、筆者の住む新興住宅地の裏山にゴルフ場建設計画のあることが明らかになった。近隣の住民が反対運動を展開し、その年の11月、業者に計画を撤回させることができた。この時、大阪府の情報公開制度によりゴルフ場建設の手続きの詳細が判明したことが、運動に不慣れな住民の大きな力になったのである。

大規模開発の場合は市町村長の「意見書」が知事に提出される。公開請求によって能勢町と和泉市のゴルフ場建設についての「意見書」を入手し、「意見書」の内容を具体的に知ることができた。「意見書」には開発にともなうさまざまな問題点が指摘されているが、それをすべてクリアするのでゴルフ場開発を許可して下さいというお願いで終わっている。「開発ノー」の「意見書」は存在しない。市長が開発に反対の場合は「意見書」が提出されないということが判明した。それまでの市の説明とは違って、開発の是非の判断は実質的に市長にあることがわかったのである。

そこで反対運動の焦点を「市長に意見書を書かせない」ということにしぼることができた。それに向けて連日のビラ撒き、市議会への働きかけ、新聞・テレビによる情宣活動など、思いつくことをなんでも試みた。最後は大規模な署名活動を展開し、河内長野（人口11万）の市民だけで3万人、合計で6万人の署名を集めて市議会に開発反対の請願書を提出した。その結果、業者の計画撤回に加えて、12月には市長が開発を許可しないと約束し、市議会でも開発反対の請願が採択された。圧倒的に保守系の強い地方議会では珍しい事例といえるだろう。

当時は、ゴルフ会員権価格が高騰するバブル経済の時代。1988年に施行されたリゾート法（総合保養地域整備法）が後押しとなって各地でゴルフ場開発が進んでいた時代である。反対運動の最中、地元自治会から「先日は情報公開ツアーで私たち（中略）住民のために、ゴルフ場問題での席を取り付けて下さいまして有難うございました」という手紙が『知る権利ネットワーク関西』事務局に届けられた（『知る権利ネットワーク通信関西版第5号』1989年9月30日号、7頁）。

「知る権利ネットワーク関西」は、公務員、労働組合活動家、医療問題や政治倫理に関する市民運動をしてきた会社員や主婦が主要なメンバーであった。公文書や法制度の仕組みに精通し、行政との交渉の仕方も知っている。

情報公開窓口で対応する自治体職員の態度は、「簡単な情報提供だけで、法的な義務が生じる公開請求はさせたくない」「公開請求に内容が該当する文書を特定させたくない。させるとしてもなるべく狭い範囲で」「もしあっても『それは公開できませんよ』と説得したい」というものになりがちである。一般市民は、公開請求という権利行使に慣れていないのがふつうであり、説得されて公開請求はせずに、公表されているパンフレット類をもらって帰るというのがオチであった。ネットワーク関西のメンバーは、職員に対し、「行政手続き上、この件に関してはこうした文書があるはずだ」「公開非公開の判断は、窓口に来たあなたがするわけではないでしょう。庁内で検討を加えた上、公開・非公開の決定書を請求者に交付すべきである」と指摘して、公開請求書を受理させせることができるのである。

2　検証と交渉

大阪市に対する最初のツアーは1988年10月1日。窓口は中之島の本庁舎ではなくそこから3キロほど離れ、地下鉄で25分もかかる同市公文書館であった。岡本隆吉さんも述べているが、最初に気が付いた問題は「請求の目的欄」である。情報公開制度では「目的は問わない」のが原則である。公文書公開条例の施行規則に定められた「公開請求書」の様式にも「目的欄」がないのに、実際の公開請求書の用紙にはあったからである。

この日、「1988年8月の財政局のタクシー代請求関係書類」「今回の地下鉄値上げに関する申請書」など7件を公開請求したが、この2件は受理したものの結果は非公開。旧国鉄用地の「湊町地区総合整備計画策定調査報告書」など5件は、公文書公開条例の施行日（88年7月）以後に作成されたものではないとして「条例対象外」で不受理であった。同調査報告書は1988年5月に策定されて、すでに関係先に配布されていたが、「未整理」とか、「意思形成過程」とかを理由に情報提供も拒否した。

タクシー券の利用実態を公開した東京都東久留米市では、助役の乱脈な使い方が明らかになっていた。ところが、大阪市は、請求内容に「個票」、つまりタクシー券そのものを勝手に書き加えて、「個票はタクシー協会から市側に渡されていない」という理由で「公文書に該当しない」とした。あまりにひどい実態であった。

「知る権利ネットワーク関西」は1989年3月21日、問題点を指摘した9項目の要求書を大阪市に提出し、対市交渉を3月28日に行った。「目的欄」については、「規則に無いなら部長決裁が必要なはず。決裁無しに請求用紙が作られたのか」と追及したところ、89年8月18日に行った大阪市への情報公開体験ツアーと対市交渉で「目的欄」の削除は応じた。しかし、大阪市には、情報公開制度本来の趣旨である市政情報を積極的に市民に公開し市民参加を促すという姿勢は皆無であった。

3　非公開にしたがる裏には「闇」がある

情報を隠したがる役所は必ず後ろ暗いところがある、が我々の経験則である。1989年11月10日、大阪市財政局職員が公金詐取で懲戒免職となり自殺を図ったことから、一連の大阪市の公金乱脈事件が発覚した。「食糧費」という名目で市会議員への接待や自分たちの遊興費にするため北新地の高級クラブなどで浪費され、その額は年間7億円に達していた。「知る権利ネットワーク関西」のメンバーが公開請求したタクシー券の使途も公開されないはずである。職員の公務用の20枚綴りのタクシー券が1冊ごと保守系議員に流され、市役所のタクシー代は年間9億円に達した（加藤邦彦著『見張り番10年』東方出版、２０００年）。大阪市民を中心とする「市役所見張り番」（後に「見張り番」に改称）が結成されたのは、１９９０年1月27日であった。「知る権利ネットワーク関西」の中心メンバーは大阪市に職場がある者が多いが、住所は周辺都市が多く、住民監査請求や住民訴訟が起こせないため、公金乱脈事件の追及は「市役所見張り番」が担うことになり、「知る権利ネットワーク関西」は、情報公開請求体験ツアーでの体験と成果を踏まえて、大阪府や大阪市に制度改善を求める交渉を行った。

4　情報公開条例の運営改善を求める

１９８９年12月5日には、大阪府公文書公開等条例に基づき制度の運営に意見する「大阪府情報公開推進会議」の和島岩吉会長、大和チドリ副会長との懇談会が初めて行われ、岡本隆吉事務局長ら7人が参加した。条例制定以後の「非公開体験」という事例に基づき、「公開まで時間がかかり過ぎる」「文書検索システムが不十分」「役所側が『不存在』としてもそれを確認する手段がない。事務手続きのフローチャートなどで公文書の流れを明示してほしい」。府が進める審議会などの「会議の公開」についても、「関係住民への事前広報が不十分。会議録にしても議題程度しかなく、これでは内容がわからない」などと指摘した。

大阪市には１９９０年4月14日に8項目の要請書を提出した。内容は、公文書公開条例施行（89年7月）以前の公文書を公開する▽審査会が早期に決定が出せるよう審査に期限を設けること▽職員の意識改革を図るためにいかなる措置を取ったのかを報告すること――などである。市側の回答は、条例施行前文書については昭和60（1985）年以降は公開しそれ以前は2、3年の内に整理し公開する▽職員研修の中に盛り込むよう打診中――などと答えた。次回の情報公開ツアーの9月6日に再交渉することになった。

9月6日の大阪市への情報公開請求ツアーでは、教育委員会の会議録や小学校の体罰事故報告書、情報公開懇話会の設置に関する文書など26件の公開請求があった。しかし、淀川区の阪急三国駅周辺区画整理事業に関する住民からの公開請求について、「同事業の勉強会の議事録と資料」「事業決定の経過がわかる資料」など3件が「該当文書無し」。「阪急電鉄との協議の日付、内容（協定書）」「同事業についてのパンフレットができるまでの調査資料」の2件は「意思形成過程の文書で公開すると一部の住民が利益を得るおそれがある」を理由に非公開とするなど、「ないないづくし」であった。

「住民参加のまちづくり」とは程遠い対応に、「知る権利ネットワーク関西」は公開請求者とともに、1990年10月23日に大阪市建設局と交渉した。「一部の住民が利益を得るおそれがある」という理由で非公開になった文書が、一部の住民にだけ渡されていたことがわかり、それらを追及した結果、「勉強会については内容がわかる議事録をまとめ、資料は公開する」「大量にある資料の文書リストをつくる」「非公開とした文書については部分公開する」などと約束した。

しかし、大阪市の姿勢は頑なだった。住民らは1991年12月、2000人の署名を集めて建設省に出向いて区画整理課長に談判し、「この事業を補助の対象から外してほしい」と要請した。

同時に「事業計画の作成のための調査報告書は必ずある」という有力情報を聴き出したのである。住民はこれを根拠に公開請求したが、市側は相変わらず「公開の対象外」「保存期間が満了した」を繰り返すばかりだった。住民側の勢いに根負けしたのか、92年秋になってようやく、12件計1439枚にのぼる事業計画書や調査報告書が「情報提供」という形で公開された。公開された資料を読むと、専門家らは多くの問題点と住民の理解の重要さを指摘していた。「立体換地」という〝新しい手法〟で行われたこの区画整理事業は「土地を高度利用すれば資産価値が上がる」という高度成長時代の単純な発想のものだったが、市役所と市会議員や一部の業者が結託し結局、強引に進められてしまった。しかし、バブル崩壊の時期と重なり、大阪市は税金から多額の清算金を負担することになった（神野武美『情報公開――国と自治体の現場から』花伝社、1996年7月）。

5　情報公開ツアー各地に広がる

1990年ごろになると、情報公開ツアーは大阪府以外にも広がった。90年7月14日には神戸市で、そのほか東京、神奈川、名古屋で行われている。神戸市のツアーには、住吉川の環境を守る会、神戸市の消費者行政をただす会など6団体が参加し、新交通六甲アイランド線建設事業の全費用、神戸市の保有株式の明細書、輸入食品の放射能測定の行政検査資料など29件を請求した（「神戸新聞」90年7月15日付）。91年10月に条例が施行された京都市への情報公開ツアーは92年2月1日、「グループ市民の眼」を中心とした「良い情報公開を求める市民運動」が「市長交際費の明細」「京都市の全審議会の委員名簿と委員の出席状況」など46件（うち9件は3日請求）が公開請求された。このほか、兵庫県（91年8月3日）、川西市（92年10月3日）などで行われた。

6　原発事故を踏まえて福井県に情報公開ツアー

２０１１年3月11日、東日本大震災が発生。東京電力福島第一原子力発電所の過酷事故を踏まえて、「原発銀座」と呼ばれた福井県への「情報公開請求ツアー」を11年8月4日と12年3月29日に行い、関西電力などとの安全協定や立入調査、核燃料税の改正などについて公開請求を行った。

請求文書は１２６件。「公開」は「国への要請書の作成経過のわかる文書と国からの回答・応答一切」（公文書としては5件）、「平常時立入検査の結果」「原子力安全対策課の文書件名簿」など46件。「一部公開」は、各原発への「立入調査の実施について」（非公開部分は印影や立入調査者の生年月日など）74件。非公開は4件（不存在）だった。

ただ、12年3月29日のツアーで請求した「核燃料の更新に関する説明会開催の起案書」「同説明会の質疑応答」は「不存在」とされ、江菅洋一さんは「本来あるべきはずの文書だ」として異議申し立てをした。福井県の説明は「説明会は3回行っており初回についての起案書などはあるが、2回目や3回目は1回目の継続として電話連絡で調整したので文書はない。説明会は配布資料の説明のため形式的な内容だったので質疑応答はメモはしていない」だった。公文書公開審査会も13年6月11日、県の説明を妥当と答申した。

7 情報公開ツアー再開

情報公開ツアーが再び盛んになるきっかけは、守口市の情報公開条例は２０１４年7月1日に改正施行され、守口・情報公開を学ぶ会が同日、「条例改正記念情報公開ツアー」を仕掛けたことからである。条例改正で請求権者が「何人も」になったが、隠したがる体質は少しも改善されていなかった。守口市では、市役所が元三洋電機本社ビルに移転したのを機に２０１６年11月16日にもツアーを行った。

奈良市では16年7月20日に「奈良情報公開をすすめる会」がツアーを実施した。きっかけは、市土地開発公社の「塩漬け土地」で市が大きな損失を被った問題の報道をリードしてきた小メディア「奈良の声」が奈良市長の定例記者会見への同席や市長コメントの配布から排除されたこと。「日本新聞協会編集委員会の見解に反するのではないか」という問いに市側は「記者クラブとの一定のルールがある」としたが、該当文書は「不存在」だった。

市議の「口利き」問題や政務活動費の実態も公開請求の目的であった。同市は、市議の「口利き（要望等）」を記録する義務を職員に課す制度を作っている。情報公開制度で調べみると、市議からの要望の記録は、近年は年間数件のみ。そこで、ある市議に尋ねてみると、「日常的に様々な要望を職員に伝えている」と話す。制度は空洞化しほとんど記録していないことがわかった。全国各地で政務活動費の不正が明らかになる中で、奈良市議会議員の政務活動費（政務調査費）という公金で雇われた者の氏名が非公開（最高裁で14年3月7日敗訴確定）となっていた。再び、これについて公開請求をすると、政務活動費から人件費を支出した市議は3人に減り、しかもその3人の報告書類も雇用契約書や勤務表が添付された詳細なものになっていた。裁判を起こした効果が現われたようである。

奈良市と比較するために16年10月24日、八尾市へツアーを行った。奈良市の場合、政務活動費の人件費の支出先は墨塗り（非公開）だったが、八尾市は印影を除きすべて公開されている。オンブズマン活動に参加している市議の一人は市民派として知られる弁護士に相談料として毎月1万6200円、共産党市議団控室で「政務調査補助業務」をしている者には市議団が賃金として月額10万円、ある市議は「政務活動アドバイザー」の男性に毎月3〜4万円を支出していた。契約書や領収書もむろん公開であった。市議会の担当者は「公金から支出する以上、公開は当たり前。市議さんたちも了解している」と話していた。

8 「先進的」自治体の情報公開が後退する？

守口、奈良、八尾の3市の請求権者は「何人も」だが、「知る権利ネットワーク関西」が、大阪府内の43市町村を調べてみると（17年4月）、その約半数、16市5町1村が請求権者を「何人も」にせず「市内の住民や在勤・在職者などに限る」としていた。情報公開で「先進的」と思われてきた豊中市、高槻市、枚方市なども含まれていた。こうした自治体に、「『何人も』にしない理由」「『何人も』にした場合の不具合」「条例を改正する予定」などをアンケートした。結果は

「改正を検討する」と答えたのは島本町だけだった。吹田市や箕面市と同時の1987年4月にいち早く情報公開条例を制定して「先進的」なはずの高槻市が無回答だったため、17年9月22日、情報公開ツアーを行った。

参加者は14人。1階に無人の行政資料コーナーがあり、情報公開請求窓口は4階の法務課にある3、4人でいっぱいになる小部屋だった。参加者の多くは廊下で待たされた。結局、公開請求は3件、市外の者による公開申し出は8件だった。

「知る権利ネットワーク関西」は事前に、同市の情報公開制度についてレクチャーを求めたが最初、市側は拒否。急きょ会議室を用意して話し合いが行われた。市側は「高槻の市民の財産である公文書を高槻の市民に公開するという考えから」と言うのみだった。

ただ、高槻市への評価は参加者の間で割れた。同市の姿勢を批判する者がいる一方、1階の行政資料コーナーにあるパソコンを操作し、法務課の情報公開制度のページから「文書件名検索」に入ると、過去3年半分の各部署の完結文書の件名、フォルダ名、保存年限などをわかる一覧が出てくる。それを見た参加者は「文書検索システムが整っている」と評価した。

そのころ、吹田市で大きな問題が持ち上がっていた。吹田市は、「大量請求を防ぐため」という名目で部分公開となった公文書が一定枚数に達した場合に閲覧手数料を徴収するなど、情報公開条例の運営が後退するケースが見え始めたからである。同市は1987年4月に「知る権利の保障」をうたい、「何人も」公開請求ができる先進的な情報公開条例を制定していた。「知る権利ネットワーク関西」は89年12月2日に吹田市への情報公開請求体験ツアーを実施し、30件の公開請求を行っている。

２０１７年8月、吹田市情報公開運営委員会は、「大量請求」への対策を理由に、部分公開（墨塗り）の場合、当該文書が１００枚を超えると1枚5円の閲覧手数料を徴収という情報公開条例改定案を決定した。審議時間は約30分間。委員会は「市民への丁寧な説明を行う」という留意事項を付したが、市は無視してパブリックコメントもせず、9月市議会に提案した。反対議員は「請求人の公開請求情報の絞り込みを求めることができる」といった修正案を提案したが、20対15の賛成多数で原案通り可決された。

「大量請求」とは、２０１６年度に、残業規定がないのに残業させられた非常勤職員の勤務状況を調べるために、住民票の写しや印鑑証明書の交付申請書といった個別具体的な文書を公開請求した事例のことである。窓口で働く非常勤職員の勤務実態の事実関係を検証するためであった。その数は約4万8千枚。請求者は「市側が虚偽の説明をしていたので実態を調べるためだった」と話す。請求者は、件数を絞り込む意向を示したが、市はそのまま部分公開とした。閲覧手数料を徴収する理由は「個人情報を墨塗りするために人件費が４０４万円かかった」ということである。市民から「吹田市自治基本条例が明記する『知る権利』を制限し、市民を萎縮せることを狙った条例改定」と厳しい批判が上がった。

そこで２０１８年2月14日、障がい者を含む12人が参加して吹田市への情報公開請求ツアーを行った。公開請求件数は16件。「何人も」のはずであるが、市外在住者は1件当たり３００円の手数料を取られた。89年のツアーの時に手数料を取られた記憶はないが、１５０円という資料もあるので当時からのものだったかもしれない。

かつては1階ロビー近くにあった情報公開窓口がいつの間にか、7階の狭い場所に移されていた。電動車いすの参加者は窓口にたどり着けなかった。「知る権利ネットワーク関西」として、部分公開の文書に対する閲覧手数料を徴収する理由の説明を求めたが、説明を拒否された。「3月議会終了後なら」ということで3月29日に交渉の場を持つことになった。当日は11人が参加。市側は市民総務課長ら2人が対応し、「利用者と納税者のバランス上手数料を導入した」という回答で議論は平行線をたどった。

投稿　「知る権利」の保障、説明責任の姿勢が大きく後退（元高槻市議　二木洋子）

「知る権利」の保障を求める牽引役として、長きに渡りほんとうにご苦労さまでした。「知る権利ネットワーク関西」の皆さんの粘り強い地道な活動により、どれだけ多くの人が元気づけられ、知る権利の保障が確立されてきたことか、感謝の気持ちでいっぱいです。

私の住む高槻市では、1987年に情報公開条例（以下、条例）が施行されました。「ネットワーク関西」が結成された頃です。1990年、私は初めて条例に基づき公開請求しました。対象文書は「専売公社跡地利用調査報告書」、非公開決定に対し異議申し立てをし、山本健治さん（元大阪府議）に補佐人になっていただき、全面公開を勝ち取りました。江菅さんをはじめ知る権利を求めて闘う方々の話を知人から聞いていましたので、私も後に続くことができ、大きな自信となりました。

「ネットワーク関西」の皆さんと同じように、高槻でも多くの市民が知る権利を行使し、説明責任を果たそうとしない市の姿勢を巡って争い、審査会答申や裁判を経て、「知る権利」が保障されてきました。市民の知る権利行使で職員も鍛えられ、行政の説明責任の果たし方が糾され、生きた条例、生きた制度になってきたのです。

２００３年に条例が全面改正され、会議の公開などもふくめた総合的な条例となりましたが、この頃が、自治体が「知る権利」の保障、行政の説明責任の果たし方を優先課題としていた時期のピークでした。情報公開先進市と同じように、高槻市役所１階に情報公開課、情報公開コーナーが設けられ、課長を始め複数の職員が配置され、そこへ行けば、市民は公文書について気軽に相談でき、担当課を呼んで下さる等の対応がなされていました。しかし、行財政改革の大合唱とともに、情報公開制度は隅に追いやられ、情報公開課はなくなり、現在、公開制度の担当課は４階の法務課になっています。１階に情報公開コーナーはあるものの狭くなり、担当者はいなくて、単に市発行の文書等が並べられているだけです。これでは、「知る権利」の保障、行政の説明責任を果たす総合窓口とはとても言えません。

危機感を持っていましたが、２０１６年にＪＴ医薬研究所に関する文書の情報公開請求をしたところ、過去には公開されていた文書までもが新たな理由を付して非公開にされました。非公開文書のなかには、公開を認めた大阪高裁確定判決の内容をふまえない非公開決定もありました。

江菅さんや、ネットワークの皆さん、中地重晴さん（化学物質管理）、川本幸立さん（バイオ施設）にご助言をいただき、この件も不服審査請求で勝利、公開させましたが、国政と同じように、高槻市でも、「知る権利」の保障、行政の説明責任を果たそうとする姿勢が大きく後退していました。

「権利の上に眠るな」――女性参政権獲得のために闘われた故市川房枝さんのことばですが、この権利を行使し続けなければこれからもと、心しています。東の「情報公開クリアリングハウス」、西の「知る権利ネットワーク関西」、「知る権利」の保障をめざす大牽引役としての底力を発揮していただきますよう、正念場の今、強く願っています。

第3節　国に対する情報公開ツアー

1　最初の試み――政治資金収支報告書閲覧ツアー

情報公開法の施行が2001年4月と、地方自治体と比べて遅れた国に対するツアーの試みは、1990年4月7日と92年10月22日の2回、自治省政治資金課を訪れた「政治資金収支報告書閲覧ツアー」がスタートである。野村孜子さんが取り組む「コピー裁判」を支援するのが目的であり、自治省が「政治資金規正法は、政治資金収支報告書の閲覧は認められているが、コピーをすることは認められない」と「解する」ことの不合理性を検証するものであった。

第1回は、大阪府選出の衆院議員の指定政治団体、第2回は佐川急便5億円闇献金事件の当事者である金丸信氏関連の政治団体の政治資金収支報告書を書き写すことを試みた。その翌日、金丸氏の地元、甲府市の山梨県選挙管理委員会を訪れ、同県内の金丸系政治団体の収支報告書を書き写した。これについては第1章で詳しく述べた。

霞が関ツアー（98年12月2日）

2 「行政情報公開基準」を拠りどころに

「霞が関ツアー」と「谷町筋ツアー」は、情報公開法が未制定でも、憲法が認める「知る権利」を行使するという大義名分に基づいて行ったものである。「霞が関」は言わずと知れた中央官庁の集中した地域のことであり、「谷町筋」とは、近畿財務局、近畿地方建設局、大阪労働基準局、大阪防衛施設局（当時の名称）などの各省庁の出先機関が集中している大阪市中央区の地名である。その拠りどころにしたのが「行政情報公開基準」であった。

総務庁行政管理局が1年余りをかけて立案し、各省庁が検討を加えて91年12月11日に「情報公開問題に関する連絡会議申合せ」という形で公開され、12月28日には「平成4年度行革大綱」の中で「的確に運用し公開範囲の拡大に資する」と閣議決定された。

それは、すべての行政情報（写真や磁気テープを含む）を対象とし、「共通的な非公開事項」を定め、さらに「文書の種類ごとの公開基準」を定めるという情報の内容ごとに公開・非公開を定める「ポジネガ方式」のもの。情報公開請求権を何人にも認め、公開を原則とし非公開に該当するものを列挙している情報公開法とは性格が異なるが、閣議決定はすべての行政機関に適用されるものであった。閣議決定された「行政情報公開基準」には一定の法的拘束力があり、国の各機関に設けられている「文書閲覧窓口」に行って、この基準を根拠に情報公開を求めてみたものである。

3 霞が関ツアーと谷町筋ツアー

それを踏まえて最初に同基準の活用を提案したのは、東京の「情報公開法を求める市民運動」の奥津茂樹事務局長であった。1992年2月と9月に「霞が関ツアー」と称して中央省庁の「文書閲覧窓口」（80年10月設置、出先機関は81年10月設置）で公文書の公開を求めた。「知る権利ネットワーク関西」の最初の行動は92年4月4日の「谷町筋ツアー」。各省庁や出先機関の対応の悪さはひどいものであった。奥津氏が、科学技術庁にプルトニウムの輸送に関する情報を請求したが、簡単なメモ書き程度の紙切れ1枚を送ってきただけであった。調べてみると、同庁の原子力公開資料室ではすでに、実証実験の資料25頁分が公開されていた。公開済みのものでも「公開」しなかったのである。

極め付きは、旧労働省。公開基準の閣議決定の約3か月後の92年3月30日、労働省職業安定局長から都道府県に対し、「行政情報公開基準の運用にあたり留意すべき事項」という通達（167号通達）が出されていた。内容は「公開基準によって文書の公開範囲が拡大されるものではない」というもの。すなわち「公開範囲の拡大に資する」はずの公開基準に対し全面的に反旗を翻した内容だった。しかも、機関委任事務で支配下にある都道府県に対し、１６７号通達自体の非公開を求めていたのである。

「谷町筋ツアー」は情報公開法施行前には92年4月4日を初め、93年10月26日、95年9月30日、99年5月19日の4回実施した。予防接種による事故の問題を追究してきた藤井俊介さんは、95年9月20日の「ツアー体験記」を『知る権利ネットワークＮＥＷＳ』（１９９５年９月30日）に書いている。

私は厚生省近畿地方医務局へ行った。窓口を訪れると、若い係官が、待ってましたと言わんばかりに、課長のデスクの本立てからビニールの下敷きに挟まれた「閲覧図書」というリストを持ってきた。見ると、「厚生白書」、「国民衛生の動向」といった市販の医書8冊の名前がうすぼけたタイプで書いてある。

私「見たいのは、このような市販の図書ではなく、厚生省が昨年集めた資料が見たい」

係官「このリスト以外のものは見せられません」

参加者「政府の決定では、特別なもの以外は公開することになっている」

ここで係官は本省へ電話で問い合わせをした。

係官「現在、担当の係長が出張中でお返事はできません。請求する資料名と連絡先を書いてください」

ということで、「平成6年の各都道府県から報告のあった予防接種の副反応報告、予防接種による健康被害の申請について、健康被害の認定状況。いずれも都道府県別、ワクチン別、年齢別、症状別」を請求した。

同じ『NEWS』に載っている野村孜子さんの報告は、次のようなものである。

さる9月20日、国の出先機関に恒例の体験ツアーを行った時のことです。「行政情報公開基準」では、まず閲覧文書の「目録」を作成し各窓口に備えつけるとしています。ところが、文書目録を作成し備え付けている機関はほとんど無かったばかりか、窓口はあっても担当者が何も分かってないというのがほとんどでした。

そこで、近畿管区行政監察局、名前もお堅いですが、ここは行政のもろもろのあり方を考える（?多分そうだと思います）所で、行政に対する苦情なども届いているわけです。さすがに文書目録はありました。それで、この制度に伴う文書請求件数はと尋ねると、すぐに都道府県別に集計した表をみせてくれたのですが、そのコピーを求めたあたりから少しずつ堅くなり始めました。さっそく文書目録をバラパラとめくり目を通したあと、「文書目録に無い」という理由で断られました。

「でも数字だけだから差し支えないのでは?」とさらに求めると、「これは内部文書として作ったもので、皆さんにあげるために作ったものではないからあげられません」との返事です。

まあその後は、「チョットまってください」のチョットが30分という状態で、悠長にお相手するわけにもいかず、閲覧請求用紙に書き込んで引き揚げました。

4　情報公開法制定運動と連携して

１９９８年12月2日の「霞が関ツアー」には「ＰＬ法を活かし情報公開法を求める関西連絡会」などとともに上京。情報公開法案が臨時国会で審議されるのを期して、政府案が、裁判所の管轄を東京地裁に限定しているのに対し、「この案では、地方在住者は事実上、司法救済が受けられなくなる」とし、行政情報公開基準に基づき、全国各地の市民団体が中央省庁に対する全国一斉の情報公開請求行動を行った。

99年5月7日に情報公開法が成立したのを機に、同月19日に、大阪の出先機関（近畿地方建設局、公正取引委員会近畿事務所、近畿地方医務局、大阪防衛施設局）に「谷町筋ツアー」を実施した。「情報公開請求の手順」を載せた「谷町筋ツアーガイドシート（国の機関編）」を作成した。ツアーの様子について、故馬谷憲親さんが「開店休業8年間のあとで」という報告をしている（『ＮＥＷＳ』99年5月25日）。

情報公開法案はようやく成立して2か年、先になりそうな施行を漫然と待っている訳にはいかないと、知る権利ネットワーク関西が中心になって「情報公開請求大阪谷町筋ツアー」

が行われました。5月19日（水）午後1時、国の行政機関が集まっている合同庁舎の3号館前に大阪、奈良、京都から19人が集合して、まず建設省の出先機関である近畿地方建設局に行きました。情報公開請求（国側は閲覧申請と言いたいらしい。）の用紙がないので、ありあわせの紙に書くことになりました。書く場所もありあわせだったので、ツアーメンバーと近畿地建の人とマスメディアの人が狭いコーナーで入り乱れ、皆さん汗だく。文書目録は薄いファイル1冊きり。これではどんな文書があるやらさっぱりわからない、というより以前に、○年度から○年度まではまったく記載が無く飛んでいるなど、自由奔放。公平を期して言うと、近畿地建のファイルが一番薄かった訳ではなくもっとひどいところもあったのです。

91年に国の機関の「公開基準」が決められて、一応窓口ができた筈ですが、お客さん（請求者）が来なかったのでしょうか、なんの準備もできていないようです。相撲の力士をひいきして、大きく育てよとお金を出したりする人を「谷町」というそうですが、国の情報公開を育てるにも「谷町」が要るんでしょう。金は勿論出さないが、どんどん顔と口を出そう。

政府の情報公開推進役をやることになっているはずの総務庁の近畿管区行政監察局。広い会議室がすぐ用意されて、お話うかがいましょうと、そこまでは良かったのですが、岡本さんが「大阪に出先機関を持たない省庁に関する請求を受け付けるようにしてほしい」と切り出すと、「当方は総務庁の出先なので他省庁のは無理です」となんのためらいも無いゼロ回答。

この時の開示状況は『NEWS』（1999年10月27日）にまとめられている。例えば、近畿管区行政監察局では、「文書受付簿」が一部非公開。受付簿の中の自治体名が消されていたのである。ところが、その「写し」は閲覧できたのにコピーの交付を拒否するというチグハグな対応だった。大阪防衛施設局には、「防衛施設局施設部及び建設部の交際費、食糧費の分かる文書」を請求したが、非公開。施設局広報課から電話回答で、「交際費」は有るが非公開。「交際費を使った市民のプライバシーにかかわるもので、名前が分かると今後の用地買収等に支障を来す」が理由だった。「墨塗りして部分公開という方法が有る」と指摘をして再検討を要請したが、約3か月後に電話があり、「再検討したがやはり非公開、文書での回答もしないとの返事」だった。そこで非公開理由を読み上げてもらった。それによると、「名前を伏せた場合でも金銭等が公表されることによって他の情報との照合により個人が識別される場合が有り、土地の所有者等第三者個人の権利を侵害する恐れがある。ひいては今後の用地取得等の交渉等の不調、遅延、経費の不合理の増大等の問題を招きかねず今後の業務遂行の支障をきたす事が危ぐされる」だった。

市民公聴会での寸劇（99年2月20日）

5　情報公開法施行後の「霞が関」と「谷町筋」

情報公開法施行直後の2001年4月2日には、行政監視グループの「見張り番」や「市民オンブズマン」と連携した「谷町筋ツアー」を行った。東京では同時に「情報公開クリアリングハウス」のメンバーらが、機密費流用事件に揺れた外務省の情報公開室を訪れ、「報償費の法定帳簿」を開示請求した。「谷町筋ツアー」は03年3月11日と05年11月1日にも行われ、総務省近畿管区行政評価局にある情報公開案内所（その後、情報公開・個人情報保護案内センターに改称）を訪ねた。

野村孜子さんによる03年3月11日の報告が、東京のNPO法人「情報公開クリアリングハウス」が03年7月に発行した『情報公開DIGEST』に掲載されている。

情報公開法が実施されて2年目を間近に控えて、地方在住者にとって制度と運用が使いやすいものであるかどうかを検証する為に、国の出先機関に対して情報公開請求を試みました。かなりの機関が中央区の大阪府庁の近くにあります。そこで昨年の12月に第二合同庁舎（第一から第四合同庁舎まであります）に情報公開案内センターが出来たのを機に、そこに入居している出先機関に請求をすることにしました。運用について検証しようという意味が大きいので、請求項目は、近畿厚生局へ提出した「医薬品副作用感染症症例報告書」の請求以外は、交際費の支出の分る資料（14年度分）に統一しました。請求対象機関は、・防衛施設庁大阪防衛施設局・総務省近畿管区行政評価局・大阪矯正管区・財務省近畿財務局・国土交通省近畿運輸局・厚生労働省大阪労働局・厚生労働省近畿厚生局の7局です。これらへの公開請求を通して、機関の対応がどうだったのか、またそのことを通してどのような対応が望ましいと感じたかなどについて報告します。

報告は長いので、概略を紹介すると、①文書特定に時間を要しすぎる。交際費という特別に難しい文書ではないのに受理するまで相当時間がかかった②請求文書名を行政内部の正式文書名でないと受理に消極的だった③請求時点で公開、非公開、存在、不存在の回答は避けるべきである。窓口のその場で「その文書はありません」「存在しません」と即答する局がかなりあった④近畿厚生局に請求した「医薬品副作用感染症症例報告書」は厚生省本庁に転送してくれた。これは地方在住者にとって歓迎すべき対応である⑤大坂矯正管区では、平成13（2001）年度分の交際費は1年分を1件（1件につき300円の開示手数料が必要）としたのに、平成14（2002）年度分は「簿冊が未完成」を理由に1支出につき請求1件とカウントした。他の出先機関では14年度分の簿冊が未完成でも1件だった。後日「誤りだった」と訂正があった――などであった。野村さんの結論は「厳しく言えば国の情報公開は自治体レベルにも達していない」であった。

6　裁判所ツアー

閉鎖的なイメージの強い裁判所への情報公開ツアーも、2008年10月7日と09年10月6日に、「奈良情報公開をすすめる会」を中心に大阪地裁・高裁で行われた。最高裁事務総長は情報公開法施行日の直前の2001年3月29日付で「裁判所の保有する司法行政文書の開示に関する事務の基本的取扱いについて」という依命通達を各裁判所長に送っている。同時に最高裁自体も「同事務の取扱要領」を定め、同年9月14日付で「実施の細目」について依命通達も出している。

しかし、開示の対象は、訴訟に関する事務は除外され司法行政文書のみ。原則として何人にも開示するが、情報公開法第5条の不開示情報に相当するもの（裁判事務の性質上、公にすることにより、その適正な執行に支障を及ぼすおそれのある情報を含む。）は「この限りではない」としている。

これまでの例で言うと、情報公開に積極的な判決は、「当裁判所の判断」において、「地方自治の本旨に則した県政を推進するための公文書の公開等が重要であることにかんがみ」（「びわこ空港計画」における住民との懇談会の出席者の公開を認めた大津地裁判決＝00年4月10日）など情報公開の理念を高く掲げるのに対し、後ろ向きの判決の多くにはそれが無く、機械的・事務的な文言を当てはめるだけが多い。最高裁事務総長の通達はどう見ても後者のタイプである。

2008年10月7日のツアーに参加したのは、奈良情報公開をすすめる会の田畑和博さんら8人。窓口の地裁総務課で「司法行政文書開示申出書」に①裁判官会議、常任委員会、庶務課長会議の議事録②裁判所長の公用車の運転日誌③裁判所調停委員選出の過程がわかる文書など9件を記入し、高裁では、④司法事務協議会の開催、議案、議事録がわかる文書⑤高裁長官、部長の公用車運転日誌⑥訴訟記録閲覧請求申請書など7件の開示を求めた。その後も、参加者らが独自に⑦裁判所職員の障がい者雇用率がわかる文書⑧簡易裁判所判事推薦委員会議事録・判事候補者の

（別紙様式第1）

障害者任免状況通報書

機関名 大阪高等裁判所　　平成２０年６月１日現在

A 任免状況

① 職員の総数（除外職員を含む。）（（注意）2,3参照）	② 除外職員の数（（注意）3,4参照）	③ 旧除外職員の数（（注意）3,5参照）	④ ①から②を除いた職員のうち身体障害者、知的障害者及び精神障害者の数（（注意）2,6参照） (イ) 重度身体障害者の数	(ロ) 重度身体障害者以外の身体障害者の数	(ハ) 身体障害者の数 =(イ)×2+(ロ)	(ニ) 重度知的障害者の数	(ホ) 重度知的障害者以外の知的障害者の数	(ヘ) 知的障害者の数 =(ニ)×2+(ホ)	(ト) 精神障害者の数	⑤ 重度身体障害者である短時間勤務職員の数（（注意）6参照）	⑥ 重度知的障害者である短時間勤務職員の数（（注意）6参照）	⑦ 精神障害者である短時間勤務職員の数（（注意）6参照）
357 人	人	86 人	[redacted] 人	[redacted] 人	[redacted] 人	[redacted] 人	[redacted] 人	[redacted] 人	[redacted] 人	[redacted] 人	[redacted] 人	[redacted] 人

B 上記に基づく計算

⑧ 現在設定されている除外率（（注意）7参照）	⑨ 基準割合 =(②/(①-③))×100（（注意）8,9参照）	⑩ ⑨に基づく除外率（（注意）10参照）	⑪ 適用される除外率（（注意）11参照）	⑫ 法定雇用障害者数の算定の基礎となる職員の数 =①-② [(①-③)×⑪]（（注意）12参照）	⑬ 障害者計 =④(ハ)+④(ヘ)+④(ト)+⑤+(⑥+⑦)×0.5（（注意）13参照）	⑭ 実雇用率 =(⑬/⑫)×100（（注意）14参照）	⑮法定雇用率を達成するために採用しなければならない身体障害者、知的障害者又は精神障害者の数（（注意）15参照）
5 %	24 %	10 %	5 %	340 人	7.0 人	2.06 %	0 人

C 障害者の雇用の促進等に関する法律別表に掲げる身体障害の種類別の身体障害者数

区分		人数	区分		人数	区分		人数
視覚障害者	第1号イに該当する者	[redacted] 人	聴覚又は平衡機能障害者	第2号ハに該当する者	[redacted] 人	肢体不自由者	第4号ハに該当する者	[redacted] 人
	第1号ロに該当する者	[redacted] 人		第2号ニに該当する者	[redacted] 人		第4号ニに該当する者	[redacted] 人
	第1号ハに該当する者	[redacted] 人	音声機能、言語機能又はそしゃく機能障害者	第3号イに該当する者	[redacted] 人		第4号ホに該当する者	[redacted] 人
	第1号ニに該当する者	[redacted] 人		第3号ロに該当する者	[redacted] 人		第4号ヘに該当する者	[redacted] 人
聴覚又は平衡機能障害者	第2号イに該当する者	[redacted] 人	肢体不自由者	第4号イに該当する者	[redacted] 人	内部障害者	第5号に該当する者	[redacted] 人
	第2号ロに該当する者	[redacted] 人		第4号ロに該当する者	[redacted] 人			

障害者の雇用の促進等に関する法律施行令第８条の規定により，上記のとおり通報する。

平成２０年６月１６日

厚生労働大臣 殿

大阪高等裁判所長官　金築誠志

大阪高裁長官が部分公開した2008年6月1日現在の障害者雇用の実態

推薦について（奈良地裁あて）などの開示を求めた。

これらの請求の結果は、

①の裁判官会議は形式的な会議で全部公開。常任委員会は人事案件が中心で2件の懲戒処分の理由は公開したが、職務遂行中の非行によって処分された者の氏名は非公開。

②と⑤の公用車の運転日誌は車両番号と行先が「公共の安全」などを理由に非公開だが、運転手の名前は公開。運行状況から、早朝7時に始業点検した後、判事を裁判所に送るだけ1日2時間程度しか仕事をしていないのではないか？ と疑わせるもの。

③調停委員と⑧簡易裁判所判事の推薦について「特定の個人が識別できる情報」を理由に、該当者の個人名と年齢、経歴が非公開だった。「推薦」を受ければ、ほぼ自動的に調停委員や判事になるはず。一般市民は、どのような人物が職に就いたかを知ることができない。

④は、裁判所と大阪弁護士会が、裁判の進め方について議論する興味深い内容で公開。

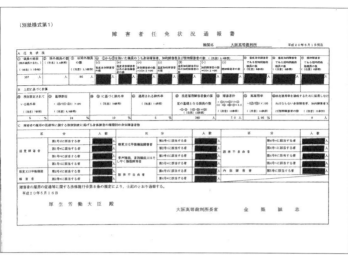

⑥は、訴訟記録に綴じ込んでいるから「司法行政文書」に該当しない。

⑦は「障害者任免情報通報書」と特定されたが、障害者雇用促進法の計算方法で算定された障害者数こそ公開だが、視覚、知的、精神といった区分別の実数は墨塗り。理由は「個人の権利利益を害するおそれ」であった。

こうした運用を見ると、情報公開法5条1項にある不開示事由の「個人情報」の解釈の範囲が広いように思えてならない。同条1項は「公務員の職務遂行に関する行為」は公開という規定があり、自治体の条例の中には、公務員の氏名は原則開示と規定しているものも少なくない。このほか、チグハグな対応が目立った。地裁は30枚までコピー代無料だったのに高裁は10枚まで。あとになって15枚に統一したり、それ以上のコピーは地下にある法律協会で順番待ちをしないといけなかったり。「取扱い要領」には30日以内に開示不開示を決定することになっているが、何度も延長を繰り返し6ヵ月もかかったケースがあった。また、身分証明を求められた参加者もいた。

「知る権利ネットワーク関西」は2009年4月15日、大阪高裁長官と地裁所長あての「要望書」を提出した。その内容は①開示請求情報を所管する職員を総務課窓口に呼んで文書の特定を行うべき②「文書不存在」を即答しないで請求を受理するべき③コピー代を1枚10円に下げ（司法協会は20円だった）、裁判所担当課で行うべき④「訴訟記録閲覧申請書」は紛れもなく「司法行政文書」である⑤開示請求者の身分確認は絶対に止める⑥開示決定を迅速に行う——などである。1か月後に「今後の事務の参考とさせていただく」という通知が届いた。

再録　大阪地裁高裁、開示報告（奈良情報公開をすすめる会事務局長　田畑和博）

仕事納めの12月26日（金）午後2時、大阪地方裁判所に開示文書を貰いに行った。

まず、9階の地裁へ行った。課長補佐が待っていてくれた。10月に請求に来たときの、部屋の奥の場所に案内された。請求しておいたのは、①裁判官会議②常任委員会③庶務課長会議の19年度の会議録である。①は全部開示、裁判官全員100人以上による形式的な会議で、6月分44枚、12月分92枚。②は一部開示、佐々木茂美所長ほか、各部の代表者11名での、少しは中身のある会議、ほとんどが人事案件だが、2件、懲戒処分があった。新聞にも載ったらしいが、ほとんど黒塗り。不開示の理由も情報公開法の条文が書かれているだけ。③は、不存在。会議録をつくってないという。結局、コピーがほしい部分は12枚で、無料提供の範囲内となった。

つぎに11階の高裁総務課へ行った。課長補佐と文書係長とが出てきた。また、部屋の真ん中に、イスと机が準備されている。まず、「なんでまた、真ん中やねん。こんなとこで、はずかしいやないか」と、文句をいったが、頑固に応じない。何のために、こんな嫌がらせのようなことをするのか分からない。これだけでも、国家賠償で慰謝料を請求したいところである。

まず、閲覧の期間が既に過ぎているが、何も言わない。「請求から2ヶ月もかかっておいて、開示期間が1週間とは勝手過ぎるやないか」と抗議したが、返事はない。請求文書は、司法事務協議会の会議録で、全部開示であった。年に一回、高裁・地裁・検察庁・弁護士会・拘置所・法務局で、刑事、民事に分けて、裁判のやり方について会議をする。各70人以上なので、そこで議論をするというようなものではないらしい。内容を見ていると、けっこう面白いものがある。たとえば、弁護士会から地裁へ、「保釈請求について検察官の意見が遅れているときは、弁護士から検察官に問い合わせてくれと言わずに、裁判官から聞いてほしい」。裁判所の回答は、個別に照会する必要性は感じない。弁護士から折衝してほしい」。しかし、中ノ島の国際会議室で、お偉方が70名以上も集まってやっているわりには、たいした内容ではない。

さてまた、これからがたいへんであった。開示文書は全部で62枚であった。15枚までが無料だという。前回の請求のときは、地裁は30枚、高裁は10枚が無料だと言った。根拠はない、という。どうやら、その後、地裁と口うらを合わせたらしい。ほしい分は35枚になった。15枚を超えると全部が有料になるという。それも、ここでは出来ずに、訴訟記録の謄写と同じく、地下の「司法協会」という外郭団体に頼むという。1枚20円で、訴訟記録の謄写よりは相当安いらしい。ここでは、抗議したり、交渉をしても無駄だということが分かってきた。たぶん、いつも規則や一方的な裁量を押し付けられているので、交渉により調整するということには、慣れてないのだろう。せめて文書係長に地下までついていってもらうことにした。

こうして、3人で、地下の司法協会へ行った。文書係長が、係りの男性と話しをしてくれた。そばで聞いていると、聞いてないとか、請求書を出してもらわないとあかんとか、時間がかかるとか、いろいろ言われている。困った顔をしている。そのうち、請求書にサインをしてくれという。サインをすると、男性はどこかへ行った。なかなか帰って来ないので、聞くと、請求書・領収書を作りに行ったという。やっと帰ってきて、コピーをしてくれた。35枚、700円であった。えらい時間がかかった。文書係長さん、たいへん、お世話かけました。もう、コピーをもらうのがイヤになった。

（『NEWS』2009年2月号）

7 韓国ソウルツアー

韓国の市民運動団体「参与連帯」やソウル市役所を訪問した「情報公開ツアーinソウル」が2002年10月12~15日に行われた。大阪から7人と東京から1人が参加。14日午前に「参与連帯」の事務所を訪問した。落選運動で知られる国会議員だけでなく、裁判官個人に関する資料も集められ、司法の腐敗や裁判所の改革にも取り組んでいた。

午後はソウル特別市役所を訪問し、アポなしで市監査担当官と面談した。スタッフ60人と日本の行政手続法に類似した「許認可処理オンライン公開システム」の運用を監視している。不正行為発生のおそれのある分野をインターネットで市民に公開して市民が24時間監視できるようにし、告発も受け付けるという部署である。「ガラス玉のように透明な市政を展開します」と題した日本語のパンフレットもあった。その後、情報公開窓口も訪れ、「市長交際費」の公開を求めようとしたが、「日常的に問い合わせが可能な者」という条件がありり請求は断念した。

ソウル市の参与連帯事務所を訪問
（02年10月14日）

第8章　追憶

第1節　熊野実夫（2007年4月5日死去）

最高裁によって最低水準に引き降ろされた公文書公開論議

大阪府知事の交際費の使途の公開を請求したのは1985年10月であった。部分公開の決定があり、その取消しを求める訴訟を提起、地裁、高裁と順調に勝ち進んだが、最高裁で原審破棄高裁差戻しとなり、現在、まだ――十年たった今、原告の求めている文書の情報としての価値はなくなってしまっている――大阪高裁で審理がなされている。裁判所における弁論は、どうやら、重箱の隅をつつくような言葉の解釈をめぐる末梢的なものになってきた模様だ。つまらんことになったものだが、その原因をつくったのは最高裁である。

差戻しの根拠になった最高裁判決の理由は、（1）交際費を公開すると交際事務に差し支える、（2）交際は相手にとっては私的な出来事でプライヴァシーに属するという二点である。（1）の点について最高裁は、香典をもらった人が他人の額と比較して不快感をもつといった、きわめて低水準のアホらしい議論を展開している。そうした議論はさすがの最高裁も説得力がないと思ったのか、判決の中心部をなす1100字ほどの間に「いうべきである」「いわねばならない」といった用語を四回も使用している。当方としては、「勝手にいうとれ」といいたいところであるが、本来「いうべきである」であるといった用語は、個々の主観を超えた理のあることを納得して下す判断を示すのに用いられる。最高裁は、判決の論理構成のお粗末性を言葉の「あや」でごまかしたという次第だ。

また、最高裁は、「(交際費の)……金額等までは一般に他人に知られたくないと望むものであり、そのことは正当であると認められる」と断定しているが、市民が最高裁に期待したところは、「正当であると認められる」ということの理由づけであった。その理由を示さない判決は最高裁の責任回避とみて差し支えなかろう。

この最高裁の判決をみて頭に浮かんだのは、理論付けもなしに「なになにが何病に効く」といった記事を満載した健康雑誌である。最高裁のお年寄りは健康雑誌の愛読者と見受けたが、判決にまで愛読書の応用は御免を蒙りたい。最高裁に要求されるのは断片的な判断でなく、憲法に基づく筋の通った理由付けであるはずだ。法律は言葉によって構成されるが、ハンプティ・ダンプティがいったように言葉にはどのような意味でももたせることができ、言葉の意味はだれが主人であるかによって決まる。最高裁の人たちにとっては、主人は官僚で、市民はその奴隷なのであろう。

(『NEWS』1995年2月28日号)

第2節　犬伏　巍（守口・情報公開を学ぶ会初代代表、2010年5月31日死去）

電子情報と電磁媒体による公開

1　10万円の手数料は非公開と同じだ

私はかねてより電子情報を電磁媒体で公開する場合、今まで紙情報ではおこりえなかった事がおこるのではと考えて、電子情報が対象で電磁媒体での公開が可能な都道府県、市町村で公開請求を行ってきました。

その1つの課題として介護保険の1次認定のソフトを平成11年より請求してきました。都道府県では何人も、電子情報、電磁媒体の公開可能な、岩手県、宮城県、三重県、ついで可能になった大阪府と請求してきました。その結果は岩手県、三垂県、宮城県は著作権を理由に非公開で、大阪府は事務事業執行支障で部分公開となり各府県で異議申立をしました。その結果は岩手県、三重県は棄却、宮城県、大阪府は審査中です。三重県は再度公開請求中。

三重県は3月30日付けで棄却としましたが、私の手元についたのは4月7日でした。どうして7日もかかるのでしょうか。普通であれ2日で着いているものが、何故7日でしょう。から繰りは、4月1日になれば情報公開法が施行されそうなると著作権法は改正になり適用除外となるのです。そのぎりぎりの日が3月30日です。

国は4月1日より情報公開法が施行され、早速厚生労働省に対し同ソフトを請求し、また非公

行政文書の種類・数量等	開示の実施の方法	算定基準（行政機関の保有する情報の公開に関する法律施行令別表第1参照）	行政文書全体について開示の実施を受けた場合の基本額	開示実施手数料（基本額－開示請求手数料300円）
電磁的記録 CD-R 1枚 69.3メガバイト	①閲覧	0.5メガバイトまでごとにつき550円	76,450円	76,150円
	② CD-R を交付	1枚につき200円に0.5メガバイトまでごとにつき220円を加えた額円	30,780円	30,480円

行政文書開示決定通知書から開示手数料の部分を抜粋

開でくるかなとの予想に反し、国は公開決定通知を出しました。これは万歳三唱かなと思いましたが、どっこい通知の最後に請求書が付いていました。それを見ると驚くなかれ閲覧費用7・6万円、写しの交付費用3・1万円、合計10・7万円でした（69・3MB）。

一瞬目を疑いましたが、紛れもなく10・7万円でした。なんかの間違いかと思って法律に基づいて計算をしてみましたが、間違いではありませんでした。これを都道府県で計算すると兵庫県は国と同じような計算方法ですが、他は殆んど200～400円程度です。300円対10・7万円、約350倍この落差をなんと理解すればよいのでしょうか。これは情報公開法で請求するなという値段です。原則公開といいながらこの値段では説明責任を果たしてもらう為に国民はこのような高額な負担が必要なのです。私は負担できませんし、他の人でも余ほど人命に関わるとか言う場合以外負担は難しいのではと思います。私は皆さんに訴えます。法律の改正を要望しましょう。誰でも使える法律でなくてはいけません。介護保険と同じで金持ちは喜んでいるが貧しい人は苦しんでいます。今一度言います、誰でも使える法律を。

問題は金額だけではありません。私は1次認定のソフトを請求しているのに厚生労働省は1次認定ソフト、支援ソフト、取扱説明書等の3部作を全部請求している。私は現在取扱い説明書は持っているといっているからいらないといっても、分離できないと言う。分離できないものが何故私の手元にあるのか、取扱説明書を見る限り1次認定ソフトをしか使用しない時、支援ソフトはインストールする必要はないとある。できるだけグループ分けし部分公開の可能なソフト作成が求められる。

次に問題は1次認定ソフトに通信に係るソフトの一部が何故かあることである。これは今後ソフトを作るときの問題点である。これで問題をややこしくしている。何故通信部分が必要かという問題である。通信部分がある為にハッカー行為が問題になり事務事業執行支障を言わなければならない。今後原則公開の情報を作るときにどのような情報の作り方をすべきか一考を要する。

著作権の問題は当初からの私の主張が認められ1つの問題点は解決した。

このように考えてくるとどうもコンピュータに理解のない人が法律を作成したのではないかと考えられる。今までも不服審査会の委員たちもコンピュータを使えない人が多かったため中々理解が難しかった。

また政府はIT革命といっていますがIT革命というのはIT技術を使って効率的な政府を作るのではありませんか。IT技術を紙に置き返るなんてなんてナンセンスです。閲覧も時間はそんなに係りませんし、写しの交付でもボタン1つで一瞬の内に作成ができます。それを何故紙に換算するのでしょうか。そのようITな革命は金の無駄づかいです。

（『NEWS』2001年5月29日号）

2　東京における不服審査会の意見陳述に参加して

口頭意見陳述をするまでに不服審査会事務局と次のようなやり取りがありました。

H13・8・9	FAX	地方（大阪）における口頭意見陳述を要求
8・10	TEL	意見陳述は原則東京でやっていると言われた
8・10	TEL	大阪希望との話を聞きました。場所はどこを希望ですか。
9・21	文書	口頭意見陳述の申立の照会（場所：東京）
9・25	FAX	8・10の話と違うと申立
9・25	TEL	審査会にかけたら不可と言われた
10・5	文書	審査会から開催拒否の通知
10・9	FAX	上記について異議申立
10・9	TEL	口頭意見陳述の了解書類の送付要求あり
10・9	FAX	口頭意見陳述申立書送付

当日は部会制で審査会委員の出席は部会長と委員2名の計3名。

いきなり「時間は15分でお願いします」と言われ、抗議したが駄目であった。

私はまず審査会として、今回の陳述に至る経過について意見を求めた。意見を求めたのは次の3点である。

・基本ルールはどうなっているのか。経過を見ているとルールがない。
・途中で意見陳述を拒否する通知があったがその理由は何か。
・資料閲覧を請求したが拒否された。その理由は何か。

回答については今後の問題もあるので文書回答を求めた。これに対して部会長はできるだけ文書で回答するようにします、と回答があったが、意見は言わなかった。

口頭意見陳述は情報公開法第30条で不服申立人等の意見の陳述を聞かせることができるとあるが、今回は絵に描いた餅であった。

今後この法律を実効性のあるものにするべく努力が必要である。

（『NEWS』2001年11月号）

第3節　中田作成（新しい神戸をつくる市民の会顧問、2016年2月26日死去）

1　遅すぎた情報公開法施行。使ってみると……情報公開請求体験記

ここ10年来、主に神戸空港問題を中心に情報公開に取り組んできましたが、残念でならなかったのは、空港問題が国との関わりが強いにもかかわらず、国関係の資料が入手できなかったことです。昨年4月2日の施行を鶴首していました。その結果の一部をご報告致します。

やはり出てきた重要情報！

私たちは、大阪湾上空の狭い範囲で関空・伊丹・神戸の3空港の空域が安全に確保されるのか、

という点にも大きな関心を持っていました。しかし、空域管制問題は国の専管事項とされていたため、神戸市への情報公開請求ではほとんど入手できませんでした。この度、国土交通省資料によって、私たちの懸念は明確に裏付けられました。

運輸省（当時）電子航法研究所が実施した「関西ターミナル管制業務に係るシミュレーション評価」（２０００年６月）によれば、３空港の発着便の競合のため、航空機間の基準間隔の確保などが困難になること、また、「航空機衝突防止装置に係る運用実態調査報告書」では、日本全体で、異常接近による衝突防止装置の作動が２０００年は前年比１００件増の５７８件にのぼる過密状態であることも明らかになりました。

神戸市、非公開！　国、公開！

同じ文書の公開請求に対して、市と国とでは決定は異なるという予想外のケースも出てきました。神戸市が空港建設のために自治省（当時）に提出した起債要望資料「平成12年度地域開発事業要望額一覧表」について、市は２００１年度分の要望額を非公開としたのに対して、国は支障はないとして開示しました。この結果、市は非公開決定を取り消さざるを得なくなりました。これは、その後の市の運用に大きな影響を及ぼしました。

運用面の問題山積！

こうした〝成果〟はあるものの、運用面では問題点が続出してきました。

（１）請求時に貼る収入印紙が、文書のカウントの仕方が細かくされて、１枚で済むはずが、13枚の追加請求された（「施行令」第13条第２項にもかかわらず）。

（2）30日以内の決定とされていても、文書特定のためなどの補正期間が算入されないため、大幅に遅れることがかなりある。
（3）地方在住者にとって、「閲覧」が困難なため、どうしても「全文複写・郵送」とならざるを得ず、費用が掛かる。
（4）決定に当たって、本来、公開しても支障ないものが非公開とされ、不服申立てをすると、部分的に公開されるなど、実施機関の〝過剰防衛〟が見られる。
（5）不服申立してても、審査会への諮問がなかなかされないため、制度の実効性が著しく損なわれている（参照2月17日付、神戸新聞）。
実施機関の運用上の〝不慣れ〟もあるでしょうが、堅い姿勢が目立ちます。粘り強く時間を掛けて、実績を上げ、良い〝緊張関係〟を築き上げていくしかないと考えています。それにしても、時間がかかることです。

（『ＤＩＧＥＳＴ』第４号、２００２年４月10日）

2　情報公開法改正ついてのアンケートの回答

国の情報公開の運用状況については、施行2年余後になる現時点で、ほぼ問題点が出尽くしたのではないかと考えられます。私のこれまでの取り組みの中で、特に強調しておきたいものだけを列記致します（私が利用したのは、国土交通省、海上保安庁、環境省、防衛庁の４省庁です）。
（1）「知る権利」の明記が不可欠です。多くの自治体条例で「知る権利」が盛り込まれたことによって、どの程度公開率のアップに直接つながったかは速断できませんが、安易な「不存在」決定等がかなり是正されるようになりました（代替情報の提供や加工情報の提供など）。「知る権利」が「確定した概念ではない」というのが、法律に明記しない最大の理由でしたが（個人情報保護条例における「自己情報コントロール権」と同様に）、法律に盛り込むことによって、権利として確定するのです。「確定化」させる努力を怠っていては、いつまで経っても水準の低い法制度にとどまってしまいます。現状では、「仏造って、魂入れず」の感があります。

（2）公開請求に伴う費用がかなりの負担になります（手数料〈文書数の算定の仕方〉、コピー代）

（3）実施機関の担当者による運営面のムラがかなりあります（「当該文書が出来上がったら連絡する」と言っておきながら、連絡がなく、思い切って公開請求すると、公開されるなど、担当者の誠実さが問われる事例など）。

（4）予期されたとおり、事務事業執行及び意思形成過程情報の非公開が多く、情報公開が事業執行の後追いしかできない弱点が是正されていない。

（5）最大の弱点は、不服申立てに時間がかかり過ぎ、救済制度としての実効性を著しく低下させていることです。その最大の理由は、実施機関から審査会への諮問に余りにも時間がかかり過ぎている点にあります。私の場合を紹介します。

①海上保安庁に対する審査請求（「神戸空港航行安全委員会報告書等」）

審査請求　　平成13年8月5日

審査会諮問　平成14年8月5日（諮問まで1年）
海上保安庁からの理由説明書　平成14年8月7日
審査会答申　平成14年12月20日（ほぼ請求人の主張を認める）
海上保安庁からの裁決　平成14年12月26日

②国土交通省に対する異議申立て（「航空機衝突防止装置報告書（RAレポート）」）
異議申立て　平成13年9月28日
審査会諮問　平成15年1月17日（諮問まで1年3か月）
審査会調査審議　平成15年4月8日
審査会による職員からの口頭説明聴取　平成15年4月23日
審査会第2回審議　平成15年7月15日（未答申）
（審査会は、膨大な案件を抱えながら努力は認められる。審査の進行状況をホームページで公開しているのも評価できる）

（『NEWS』2003年10月号）

第4節　水田　謙（とりもどせ国鉄！大阪環状線の会、1993年7月18日死去）

1　国鉄用地情報公開請求IN高槻

昨年四月以来、高槻市を相手に行ってきた、国鉄清算事業団の売却予定地に関する情報公開請求は、十二月八日に、売却予定地のリストと図面、それに加えて高槻市の利用意向を記した書類の一部の公開をもって、一定の結論を見た。この請求は、同時期に大阪府に対して行った同様の請求に対する情報公開請求と較べると、既に事業決定が行われている部分については、ほぼ完全に高槻市の利用意向が公開されるなど、一定の前進をみた内容となっている。

法的根拠のない「補佐人同伴許可申請書」の提出を求められびっくり

請求した内容についてはそれなりの前進を獲得することができたものの、異議申し立てにおける手続き、特に口頭意見陳述を巡って高槻市の市民情報室（情報公開の窓口）並びに高槻市情報公開審査会と大もめにもめることとなった。

口頭意見陳述を行うに際し、高槻市情報公開審査会会長名で「補佐人同伴許可申請書」の提出を求められた。ところがこの「許可申請書」なるものは、行政不服審査法はもちろんのこと、高槻市情報公開条例並びに同規則においても何ら定められていない。不審に思い、事務局である市民情報室に問い合わせたところ、何と、そもそも許可するしないの判断基準についても、何もないとの事。とにかく情報公開審査会で決めたことだから、補佐人の住所・氏名を記入して早急に提出してほしい、ということであった。

そこで口頭陳述の場で審査会長に直接問い正し、補佐人同伴許可申請書を提出する根拠について文書による回答を求めたが、口頭による説明のみで、単に、審査会と口頭陳述人・補佐人との信頼関係を作るために補佐人同伴許可申請書を提出して欲しいと言うことであった。

私としては、行政機関が行政執行上、不必要な個人情報を集めることは慎むべきであること、口頭陳述の場で問題なのは、何が主張されたかということであり、主張した人が誰であるのか、その人の住所がどこにあるのかということではないはずであるから、補佐人の住所・氏名を記入する必要はない。もし会場及び時間の都合で補佐人の人数を制限する必要があるのならば、人数のみを事前に通知すれば事足りるという主張を行ったが、残念ながら受け入れられなかった。（後日、補佐人を必要とする理由の欄だけは削除されることとなった。）

録音もダメ・写真撮影もダメ

この口頭意見陳述の場では加えて、「オマケ」がついた。写真撮影は認めない、録音も認めないという、硬直的な運営が行われたのである。この点については、後日、要望書を持って申し入れを行った結果、写真撮影については冒頭の3分間に限り認めるということになったが、テープによる口頭意見陳述での内容を録音することについては、未だに認められないままである。

粘り強く、改善のための努力を

一連のやり取りを通じて感じたことは、情報公開の是非の判断を行う審査会の委員（多くは大学の先生や弁護士）自体が、情報公開の意義についてよく理解していないということであった。

（『ＮＥＷＳ』１９８９年５月20日）

2　ある若き市民運動家の死

松永俊男（桃山学院大学名誉教授）

去る7月18日、衆院選の当日に高槻市で一人の若者が亡くなった。棄権したことがないのに夕方になっても部屋から出てこないので、母親が不審に思って見に行った時には、すでに冷たくなっていたという。心臓マヒによる急死である。まだ三十歳になったばかりであった。

彼の名は水田謙という。本学の総合講座「情報公開と市民」の講師としてこの三年間に数回、教壇に立っていただいたので、三・四回生の中には、水田氏の生まじめな授業を記憶している諸君もいることだろう。この講座のテキストとして使用した共著『それいけ！情報公開』（せせらぎ出版）では、「どうなっている？役所の文書」という章を担当していただいたが、これが水田氏の最初で最後の出版物になってしまった。

水田氏は大阪府庁の職員として働く一方で、さまざまな市民活動にかかわってきた。私が参加していた情報公開の市民グループ、「知る権利ネットワーク関西」も彼の重要な活動の場であった。大阪各地の自治体で情報公開請求を行い、また、ニュース作成、会員名簿の管理、会計、集会場の確保など、裏方的な仕事をほとんど全部引き受けていた。嫌な顔をせず、淡々と仕事をこなしていく彼に、仲間たちもつい甘えてしまっていた。情報公開に関連した運動だけでなく、身障者問題に取り組むボランティア・グループにも積極的に参加していた。水田氏は公務員だったこともあって新聞紙上に名前が出ることは少なかったが、水田氏に支えられていた市民活動がいくつもあったのである。水田氏の死は、社会の不正と闘う市民活動に殉じた壮烈な戦死であった。

本業のかたわら市民活動にかかわるのは、物心ともに容易なことではない。できるだけ多くの参加者が負担を分かちあわなければ、運動は長続きしにくい。残念なことに、日本の市民運動には若いエネルギーがなかなか加わってこないようである。世界の市民のための行動は、外国に出かけなくてもいくらでも可能である。経済大国日本を内側から改革していくことが、最も確実で身近な道だろう。水田氏の情熱を支えていたのも、そんな思いではなかったろうか。日本でもさまざまな市民グループが、さまざまな問題に取り組んでいる。そうした活動につぎつぎと新しい力が加わっていくことを期待したい。

水田氏の死はまことに痛恨の極みであった。ご冥福を祈りたい。

（桃山学院大学広報誌『アンデレクロス』1993年10月第62号より転載）

3　『知る権利ネットワークNEWS』作りに携わった13年

船谷　勝（大阪市在住）

同期入社（といっても年齢は小生が2歳上）の水田謙君の突然の逝去は1993（平成5）年7月でした。「知る権利ネットワーク関西」の大きな軸の喪失に、周辺はそれこそ茫然自失。小生は、会費を払うだけの会員でしたが、運営委員会に集う方々の了承を得て、水田君の仕事のほんの一部を引き継いで『NEWS』の編集作成の作業を手伝い始めました。『NEWS』の復活は、小生の記憶では、その年の秋以降ですから、事務方の機能の回復に少々時間を要しました。「機能の回復」といっても、水田君の緻密な仕事ぶりには到底及びません。定例交流会のまとめや、記事の執筆依頼、新聞記事の切り抜きや選定など、会社の仕事の傍らとはいえ、発送締め切り日程もあり、けっこうプレッシャーもありました。勤務先の残業が続いて、『NEWS』作成に協力できなかった時期もありました。

その中でも10周年ということで、ネットワークに関わりのある方に原稿をお願いし、約1年にわたり「知る権利ネットワーク関西10年と私」を連載することができました。連載の最後を飾って岡本隆吉事務局長（当時）のインタビューを掲載したところ、好評をいただきました。これが13年間で一番の仕事だったのかな思うと同時に、『NEWS』がいかによく読まれているのかを実感した次第です。会員の各位にご愛読いただき、ありがとうございました。この場を借りてお礼申し上げます。

さて、あれから20年、久しぶりに手にした『知る権利ネットワークNEWS』（2018年4月号）には、「公文書の隠蔽、改ざん」など、情報公開や知る権利の根幹をゆるがす事象が踊ります。だからこそ、まことに「遺憾」ながら、今後とも「知る権利ネットワーク関西」の活躍と発展を期待する次第です。

第5節　馬谷憲親（自治労大阪府職総務支部・ODA改革ネットワーク関西、2011年8月16日死去）

1　ODAと情報公開の多言語化——現地当事者にとって敵対的なシステムと運用を変えさせよう

「情報公開法を求める市民運動」の発足が1980年、知る権利が尊重される大阪府情報公開条例を実現しようと「大阪府民共闘」主催の「府民のための情報公開討論集会」の第1回目が開催されたのは82年でした。当時の私たちが主張したのは「知る権利の確立」でそのメルクマールの一つが「何人も公開請求権を持つ」ということでした。

今ふりかえって私たちが主張した「何人も」は本当に「何人も」だったのか、今の私は自信がありません。

昨年は日本のODA（政府開発援助）が発足して50周年でした。1980年代初頭に私たちが「何人も公開請求権を持つ」べきだと主張していたとき、ODAの世界ではどのようなことが起きていたか？

・大平総理が訪中して中国への第1次円借款開始表明

・ODA第2次中期目標（ODA5か年倍増計画）策定

戦争の賠償の性格をもって出発した日本のODAが外交の大きな手段として拡大し飛躍するのが1980年代初頭だったのです。政治の腐敗防止、公金の透明性、政策決定への市民参加・参画などを課題として展開された情報公開運動でしたが、関係政府の腐敗、公金の無駄使いの象徴にまでなったODA事業、プロジェクトの影響を直接受ける「当事者」を意識することができていなかったと思います。

情報公開運動の参画者にとって外国人が見えていなかったわけではありません。少なくとも在日外国人の権利行使の課題としては意識されていました。しかし当時から急増することがみえていた滞日外国人の権利行使の課題としては意識されていなかった、と思います。言語を問題にしなかったのだから。

さらにいえば、情報公開を納税者の権利から説明する方法も、わかりやすいけれど、思想的には安易でした。元来「何人も情報公開の請求権を持つ」思想と納税者の権利という発想は調和しません。

当時の私たちはアメリカ合州国の情報自由法の運用に「ひたすら」感心していました。請求目的にもよるが、ほとんど無料で大量のコピーを日本にまで送ってくれるそうだ。レファレンス体制も充実しているようだ……。つまり、私（たち）はアメリカ政府が英語で外国人たる日本人（日本在住者）に英語で対応し、英語で情報を公開することに疑問を持ちませんでした。在米生活者（ヒスパニック）の多いことから、スペイン語くらいには翻訳しろよ、と思った人はいたかもしれませんが、たとえば、在外米軍兵士を縛る規則は各国語訳を用意しておくべきだというような感覚はあまりなかったと思います。国際連帯運動にかかわるなら英語くらい読めんと困るだろうと、非英語圏人が感じてしまうことのおかしさ、不当さ、を意識していくまでしばらく時間がかかりました。

言語の問題とは、当事者性を大切にするかどうかの問題です。

政策、事業の影響を直接受け、それゆえ情報をもっとも緊急、切実に必要とする人たちの情報へのアクセスがどう保障されるか。

日本のＯＤＡのシステムは当事者性をどうみているのでしょうか。ＯＤＡプロジェクトのために非自発的移住を余儀なくされる地元地域住民をも「ステークホルダー」ということばに突っ込んでしまうのです。「利害関係者」くらいの感覚で使っているのでしょうが、「株主」を連想する用語です。

私（たち）はＪＩＣＡ（国際協力機構）の環境社会配慮ガイドラインの改定（２００２、04

年）、ＯＤＡ大綱の改定（２００２、03年）、ＯＤＡ中期政策の改定（２００４、05年）などにＮＧＯ（非政府組織）としてかかわる中で、言語問題の特別の重さを感じました。

知る権利の保障がない日本の情報公開法のイデオロギーは「国民主権にのっとり」、政府の諸活動を「国民に説明」する責務、「国民の的確な理解と批判の下にある行政の推進」です（情報公開法第１条）。在外外国人が関与することはおよそ念頭にありません。

ＯＤＡと情報公開について議論するときはこのような国民論をくつがえすことが必要です。理解を求める優先順位は「日本人」ではなく「現地外国人」にあるのだ、というような、一種強引なまでの論理が。

この間のＯＤＡ中期政策改定をめぐる意見交換でもよく分かったように、外務省はＯＤＡ情報の多言語化をほとんど考えていません。援助を巡るＮＧＯとの協議はいまや国際ルールですから、日本政府としては日本語でしゃべるＮＧＯの賛同なり、黙認なりは欲しくても、「現地」の理解を求める気は無いようです。また、ＯＤＡの政策評価書の作り方をみれば、日本「国民」の理解も実は求めてはいないことが歴然としています。

とはいえ、現行水準を考えれば、日本政府全体はもとより外務省全体の情報公開の多言語化は当面可能性がありませんから、ＯＤＡ関連だけで要求をたてるほうがよいだろうと思います。他の政策、事業はどうか知らんが、少なくともＯＤＡについては国際社会の理解が必要なんだろうが、で押す。

それで、外務省につねづね要求している多言語翻訳と多言語「文書」（電磁的記録を含む。情報公開法第２条第２項）へのアクセス保障、ということになります。英語にしか翻訳しないＯＤＡ大綱、中期政策など恥です。

市民が政策効果を考える上で重要となる（べき）政策評価についてはどうでしょうか。ＯＤＡの政策評価は「説明責任と透明性という要請にかなう」「国民の信頼を得る政策評価システムの構築を目指」（外務省文書から）し始めた試行段階にとどまっています。評価書を「市民」に活用してほしいと外務省が思うことがまず必要でしょう。政策評価書はＯＤＡに対する内外の市民の関心を高め、建設的討論の前提となる共通認識を深める「はずの」ものですから。

外務省が作成した２００３年度分のＯＤＡ関連評価書を見て私が不満というか、あきれた例を挙げておきます。

・事後評価：「評価の過程で使用した資料」がおおざっぱ（新ＯＤＡ大綱、ＯＤＡ白書、国別データブックとか）で、白けてしまう。見る市民にとっての新情報がない。

・未了案件評価

①１事業１枚の評価書では情報不足でどうしようもない。評価シートの様式自体を全面的に改めてほしい。

②貸付が２００３年度中に完了した事業の「評価・今後の対応」欄は空白である。貸した後は知らない、ということだろうか。

③「評価の過程で使用した資料」欄が11件とも「交換公文、国際協力銀行から提供された資料

等」で、まことになげやりに映る。
・未着手案件評価：未了案件評価へのコメント①、③に加えて、「経緯・現状」欄の記述の没主体性が際立つ。たとえば「タイ政府からは、円借款の利用を中止したいとの意図表明がなされている。」→「評価・今後の対応」欄には「貸付の取りやめ」の一語。市民に説明する気持ちがまるで無いように見える。

政策評価を含め現状があまりにお寒いにもかかわらず、本日のODA情報とその多言語化の重要性は益々増大しています。国益思考の拡大、きな臭い対中国関係、安全保障理事会常任理事国入り、MDGs（ミレニアム開発目標）など、日本が世界にとってどんな存在になるかということにODAが深くかかわっています。

外務省、財務省及び関連法人（JICA＝国際協力機構、JBIC＝国際協力銀行）は当面次のようなことを準備、整備する必要があると思います。

まず基本姿勢：日本語又は英語が分かるもの（たとえば日本のNGO）が情報公開請求すればいいではないか、と考えてはいけない。何が肝心かは、自身が影響を受ける当事者でないと判断できない。

・文書リストの多言語化、アクセス、レファレンス体制
・手数料及びコピー代等の減免ルール
・不服申し立て、情報公開審査会の運営の多言語対応
・行政評価書の多言語化

（『NEWS』2005年4月号）

2　偉大な先輩の志を胸に

末田一秀（元自治労大阪府職総務支部）

先日自宅の机の中から馬谷憲親さんのフロッピーディスクが見つかった。知る権利の記念誌発行に合わせた天国からの啓示であろうか。中に2002年に書かれた「水行政に対する情報公開のインパクト」という文章が残されていた。

自治労府職総務支部は、大阪府庁本庁の中心的な部局を職域とする組合で、政策課題が多岐にわたることから自治研（組合からの政策議論）に力を入れていた。私の反原発の活動のように市民活動にも取り組む支部役員を、運転手さんなど現業部門の組合員さんも支えてくれている構図で、冗談で「活動家の放し飼い路線」と言っていた。その中心の自治研部長が馬谷さんであり、大阪府に情報公開制度ができる前から支部要求で取り組み続けたのも馬谷さんであった。

さて、見つかった文章のごく一部だが引用して紹介したい。

１９８４年に大阪府の「情報公開条例」が施行され、非公開決定に対する異議申し立て、公文書公開審査会でのやりとり、さらには裁判という動きがひんぱんに報道された。裁判に至った最初の事例が、最高裁の判例にもなった「安威川ダム情報公開訴訟」であり、第2号が「大阪府水道部の会議費情報公開訴訟」である。第3号は知事交際費を巡る情報公開訴訟で、水道部をはじめとする関係部局は行政の非公開体質の典型のように批判された。「大阪府水道部の会議費情報公開訴訟」は、１９８５年6月に大阪地裁提訴、89年4月地裁判決で水道部敗訴、高裁でも90年5月に控訴棄却判決が出て、大阪府の会計事務処理等にも大きな影響を与えた。

水道部を含む大阪府の（広義の）情報公開に関連する制度は約20年の曲折を経て現在は次のような構成のものに発展している。

行政文書公開制度、個人情報保護制度、情報提供制度、会議公開制度、出資法人の情報公開制度、外部監査制度、行政評価制度、経営評価制度、情報公表制度、パブリックコメント制度

情報通信機器の変化で府民からのアクセスが比較的簡単になっただけでなく、深刻な財政危機を背景に「府民の理解を求めて」大阪府側から公表してゆく行政情報の質、量の変化は著しい。労働運動の側としては、膨大な行政情報の分析、検討と市民的活用の援助活動が一層必要となっている。

何度も自分の仕事で情報公開請求を受けるたびに、馬谷さんのことを思いながら若い職員に丁寧な対応を説いてきた。組合員から退職者会会員に立場が変わったが、「膨大な行政情報の分析、検討と市民的活用」に今後とも力を入れていきたい。

終章　新聞記事でたどる「知る権利ネットワーク関西」の30年

中島昭夫（元朝日新聞記者）

1　夜明け前

「知る権利ネットワーク関西」が結成されたのは、１９８８年9月10日。この団体の活動を掲載した新聞記事にもあるように、行政の情報隠しを追及するために交渉したり、行政を相手にする訴訟を支援したりするのが目的だった。

なぜそのような活動が必要となったのか。

情報公開の法律を世界で初めてつくったのは１７６６年のスウェーデン（制定のいきさつはここでは省く）。これに続く国は２００年も現れず、ようやく第二次世界大戦後、２番目にフィンランド、そして3番目にアメリカ、デンマーク……と続く。

そのなかで情報公開法をめぐる動きが制定後、とびぬけて活発だったのはアメリカだ。１９６6年に情報自由法（ＦＯＩＡ）という名で制定したが、文書の請求権者を、地球上の「だれでも(anyone)」と打って出た。ＦＯＩＡ制定前は「利害関係者」を対象にした連邦行政手続法があったが、利害関係者はどこまでが対象なのかが曖昧で、その範囲について行政機関の裁量の余地が広く、非公開にする根拠に使われているといった批判があった。

その8年後の74年のＦＯＩＡ改正は、これよりはずっと大がかりで、その成立過程はドラマチックな経過をたどった。その最大のものは、数多い司法救済規定の新設・強化だ。例えば、行政が文書を非公開とした判断の当否をめぐる裁判で裁判官は確認のために行政にその文書の提出を命じることができるようにした「インカメラ審理」の規定▽行政の判断にとらわれずに一から審理をやり直す覆審的審査の規定▽原告が実質的に勝訴したときに国に弁護士費用などを支払わせる規定▽恣意的な非公開に対する制裁規定……。

これほど盛りだくさんの、しかも、発想の大転換を図る改正に連邦議会を走らせたのは、政府の秘密主義への傾斜に加え、裁判所の無力ぶりだったたという。

改正に先立つ72年、共和党員が政敵の民主党本部に侵入してスパイ活動をしていたことが発覚。この「ウォーターゲート事件」に端を発して、さらに共和党のニクソン大統領が関与していた疑いが深まって、失脚のはめに陥った。

73年には、核実験に関する大統領への勧告書などの開示拒否の当否について、連邦最高裁が「大統領命令による秘密指定を理由に審理できない」と判断を下した。

ＦＯＩＡの改正案は、与野党が手を結んでそれぞれ圧倒的多数で上・下両院で可決された。いずれにも、ニクソン政権の副大統領から昇格したフォード大統領が大統領に認められている拒否権を使ったが、これを再議決で3分の2を超える票で再逆転できる法定ルールにもとづき、下院は３７１対31、上院は65対27の票差でひっくり返し、成立させた。

議会を支えたのは、市民たちやメディアだった。彼らの合言葉は「知る権利（right to know）」

だったという。

こうした一連の出来事は、アメリカ国内だけでなく日本のメディアも、日本国内の新聞、週刊誌・雑誌、本などで大きく伝えた。

2　自民長期政権がやらぬなら……

日本も、自民党を中心とした長期保守政権が続く間、米国にひけをとらないほど政治スキャンダルが後を絶たなかった。佐藤栄作・自由党幹事長（のちに総理大臣）の贈収賄容疑による逮捕を法務大臣の検察庁への指揮権発動で免れた造船疑獄（1954年4月発動）、田中角栄元首相が受託収賄容疑で逮捕されたロッキード事件（1976年7月逮捕）、国際電信電話会社（KDD）事件（1979年10月発覚）……。朝日新聞は1980年7月から翌年5月まで、国も自治体も情報公開を法制化していない日本の政治と政府の閉鎖的な現状を連載キャンペーンで報じた（のちに『開かれた政府を――情報公開　世界の現状』と、『開かれた政府を――日本での情報公開』として朝日新聞社が刊行した）。

保守長期政権下で国レベルの情報公開法制定の動きが滞る一方で、情報公開に動き始めたのは地方自治体であった。神奈川県が82年10月に全国の都道府県で最初に条例を制定し翌年4月に実施した。一橋大学名誉教授堀部政男さんは、神奈川県の条例づくりに米国の法律の仕組みなどを調査した体験から、「日本の自治体の条例づくりの機運にもアメリカの取り組みが大きく反映した」とのちに語っている。その2か月後に埼玉県が続いた。そして、翌84年10月に大阪府と長野県が同着で実施した。

3 「知る権利」はお飾りなのか――立派な条例はできたけれど……

大阪府の条例づくりには、関西の労働団体、消費者団体、環境保護団体、医療問題の団体、人権保護団体、婦人団体、近畿弁護士会などがテーマに応じて組み合わせを変えながら、大阪府と交渉を重ねた。府民の「知る権利」の明記、大阪府が条例の適切な運用をしているかチェックする運営審議会の設置、請求権者を「何人（なんぴと）も」に広げるなど他項目にわたって強く求めた。うち、「知る権利」の明記は都道府県で初めて、運営審議会（情報公開推進会議）の設置も採用された。「何人も」はのちの条例改正で実現した。

新聞協会が募っている新聞週間標語には、早くも1948年に「あらゆる自由は知る権利から」という作品がすでに登場していた。その後も「報道の自由が守る『知る権利』」（53年）、「知る権利守る新聞支える読者」（81年）などと、「知る権利」がたびたび登場している。この言葉は大切なものだと考える人が多いことのあらわれではないのか。

いよいよ1984年10月に大阪府公文書公開等条例がスタートした。初日に公開請求した人の中で、安威川ダム反対市民の会の江菅洋一事務局長は、ダムの地質調査資料等の公開を求めたが、府は肝心の部分を非公開とした。そこで異議を申し立てたが、審査会の結論も肝心の部分については変わらなかった。残る手段は裁判しかないと裁判所へ提訴すると同時に、「情報公開に係る行政訴訟を支援する会」がつくられた。後に「知る権利ネットワーク関西」初代事務局長となる岡本隆吉さんが事務局長となった。

都道府県で初めて府民の「知る権利」を明記した大阪府公文書公開等条例が施行されてからやがて4年。この間に文書公開に役所が前向きだったかどうかを点検する集会が88年7月2日に大阪府職員会館で開かれた。

集会後、喫茶店に集まった参加者らに、記者として取材に来ていた私（中島）は「せっかくの交流を生かす連絡組織をつくらないのか」と質問したところ、みんなが「それはいいな」と口々に言い出し、すぐに会の名前をどうしようとなった。アイデアを求められた私は「そりゃあ、冒頭に『知る権利』を振ったほうがいい。横つながりの会だから『ネットワーク』、最後に活動している地域名をつけたらいいのでは」と思いつくままに口に出したら、その通りになってしまった。

１９８８年9月10日の「知る権利ネットワーク関西」の発足集会は、府職員会館で開かれた。その集会の様子は私の脳裏に残っている。呼びかけ5団体の3倍の15団体ほどが参加。それぞれの代表が次々と立っては、府の情報公開に消極的な姿勢を具体的な文書請求に即して訴えた。それぞれの活動分野は実にさまざまで、府に対し一堂に会して結束するところが、古《いにしえ》の庶民が一揆に立ち上がった時のように思えた。そのあたりは、公家や官吏が威張り倒し、庶民は縮こまっている時代が続いてきた京都や東京と商都・大阪の庶民は気風が違うように見えた。「なんぼのもんじゃい」「いってまえ」というような大阪弁に自由な発想を尊ぶ気風が表れていた。

「知る権利ネットワーク関西」がどんな活動を展開してきたのかは、以下の新聞記事集をたどってみてほしい（掲載日付に続く太字は見出し、見出しに続く文は記事本文の抜粋。掲載紙名のないのは朝日新聞）。

1988・6・30　夕刊　大阪府の情報公開条例／4年間の実績「非公開条例」／市民団体が2日に集会／「壁」の厚さ訴え

都道府県で初めて府民の「知る権利」を明記した大阪府公文書公開等条例が施行されてからやがて4年。この間に文書公開に役所が前向きだったかどうかを点検する集会が、来月2日府職員会館で開かれる。市民グループが集まり、府の非公開決定が少なくないこと、この決定を裁判などでひっくり返すのに年月や労力がかかり過ぎる実情を報告の予定。体験を報告するのは、「とりもどせ国鉄！大阪環状線の会」「国勢調査の見直しを求める会」「安威川ダム反対市民の会」「市民オンブズマン」の4団体。

大阪府公文書公開等条例は84年10月に施行され、これまでに文書の公開請求は76件。内訳は公開が43、部分公開が25、非公開が8。審査会への異議申し立て10件、訴訟の3件はいずれもこんどの集会参加者が行ったもので、審査会は府に対し、異議申し立ての半数の5件について公開部分を広げる答申を出した。

88・9・2　朝刊　知る権利生かそう／関西に市民ネットワーク／情報公開を役所に手をつないで迫る

関西の市民グループが運動の枠を超えた情報交換の組織「知る権利ネットワーク関西」（仮称）を発足させる。結成を呼びかけたのは、「安威川ダム反対市民の会」「市民オンブズマン」「とりもどせ国鉄！大阪環状線の会」「国勢調査の見直しを求める会」と大阪府職労総務支部の5団体。10日午後2時から、府職員会館で結成集会を開く。ネットワークづくりのきっかけは、7月2日に開いた「大阪の公開条例を点検する集会」。神戸市東灘区の「住吉川の環境を守る会」（中田作成会長）も、ネットワークに加わる予定だ。

ネットワークは、情報公開について世論を盛り上げるのが最大の目的。具体的な活動としては①行政の情報隠しに困っている市民の相談に応じる②公開請求する公文書の特定の方法や、異議申し立ての手続きなどの手引書を作成③自治体に対して共同交渉する④情報公開を求める行政訴訟などを支援⑤情報交換のため年4回の「通信」を発行する——など。公開・非公開の実例を網羅するデータバンクづくりを目指す。

88・9・18　朝刊　役所の公開度をチェック／大阪府庁の窓口で市民団体／要求28件中9件が預かりに

「知る権利ネットワーク関西」（岡本隆吉事務局長）の呼びかけで、身近な問題で資料の公開を一斉に求め役所の公開度をチェックする試みが17日、大阪府庁の窓口であった。題して「情報公開請求体験ツアー」。15人が参加した。

公害、医療問題、府議への公金支出など28件の公開要求に対し、7件はすぐ公開され、昨年1年間分（5件）の倍を超す12件が受け付けられたが、「公文書が特定できない」などの理由で9件が預かりに。ツアー参加者たちから「市民にわかりやすく公文書を整理してほしい」と注文がついた。

88・10・2　朝刊　請求の半数 公開を拒否／「情報公開体験ツアー」の要求に市／市民グループ「本庁舎に窓口を」

「知る権利ネットワーク関西」のメンバーは1日、大阪市に出向き、13件の公文書の公開を要求した。このうち6件について、市側は「公開条例の施行以前の文書」として公開を拒否した。「体験ツアー」は、府への請求に続く第二弾。

89・8・19　朝刊　規則にない「目的」欄削除／公文書公開で大阪市

大阪市が「請求の目的」を問うのは市公文書公開条例の施行規則に違反すると、「知る権利ネットワーク関西」が指摘していた問題で、市は18日同団体と話し合い、今後、公文書公開請求書にある「請求の目的」欄を削除することを明らかにした。目的欄は、去年6月23日に公布された同条例施行規則には定められていなかった。

89・10・1　朝刊　大阪市のモジリアニの「裸婦」購入／口頭説明とメモでOK／情報公開　ルーズな行政浮き彫り

自治体の行政がルーズに行われている実態が30日、大阪市内で開かれた「知る権利ネットワーク関西」の結成1周年集会で報告された。

19億3000万円の価格で話題になったモジリアニの「裸婦」購入について同団体が8月18日、大阪市に対し「購入経過の書類一切」を公開請求した。5月11日起案、同13日決裁の「歳出決議書類」など5点の公文書が公開され、市と西武百貨店は5月13日に仮契約を結び、16日発表とあわただしく手続きがとられていることがわかった。ところが、市が購入を決めたとしている2月27日の市長・助役会は「口頭とメモ程度で説明して承認を得た」として、公文書は不存在。絵の購入の是非を客観的に裏付ける資料は、「歳出決議」についている近代美術館構想委員3人のサインのある「鑑定書」だけ。

このうち2人は、絵を買う橋渡しをした当事者だった。

90・6・29　夕刊　ＭＭＲ副作用　大阪府の調査／無菌性髄膜炎と類似疾患／1000人に1人かかる

新3種混合ワクチン（ＭＭＲ）に含まれているおたふくかぜワクチンの副作用によるとの見方が強まっている無菌性髄膜炎と類似の疾患が、1000人に1人の高率で発生していることが、大阪府がまとめた調査で分かった。「関西医療問題連絡会議」の代表で、「知る権利ネットワーク関西」事務局長でもある岡本隆吉さんが、5月30日に大阪府にＭＭＲの副作用資料の公開を請求して明るみに出た。

91・3・13　朝刊　情報公開のあり方探る／環境問題含め来月から桃山学院大で総合講座／講師陣は市民グループ

市民の立場から「情報公開」のあり方を論じようという総合講座「情報公開と環境問題」が4月から通年で行われる。担当は松永俊男教授。講師陣は「知る権利ネットワーク関西」のさまざまな活動をしているメンバーら11人。総合講座は社会人聴講も認められる。

92・4・5　朝刊　「公開基準」知らない窓口も／省庁出先機関の5ヵ所を調査／谷町筋ツアー

自治体に比べて遅れている国の情報公開の実態を調べるため、「知る権利ネットワーク関西」が4日、各省庁の出先機関で公文書を公開請求してみる「谷町筋ツアー」を行った。

窓口に、「文書閲覧窓口の利用の手引」や「行政情報公開基準」があったのは行政監察局だけ。労働基準局は、公開基準が作られていることすら知らなかった。公開基準で「公開する」と定めた文書のリスト「文書管理台帳」も、行政監察局では「公文書が整理されていないので、できていない」という。

92・5・8　朝刊　『それいけ！　情報公開』／「知る権利ネットワーク関西」が出版／もっともっと気楽に請求

「知る権利ネットワーク関西」が『それいけ！　情報公開』（せせらぎ出版）を出版した。普通の市民の取り組みをまとめた初めての本。同団体のメンバーに、「情報公開法を求める市民運動」（東京）事務局長の奥津茂樹さんを加えた10人が執筆した。

92・7・1　朝刊　他都市はOKなのに…／矛盾点を突く動きも／「行革」実らせるか課題

「知る権利ネットワーク関西」のメンバーが2月と5月の2回にわたり、大阪市教育委員会に「児童生徒の問題行動等生徒指導上の諸問題に関する調査」という文書の公開を求めた。市教委の決定は、「文部省との協力信頼関係が損なわれる」などの理由で「非公開」。メンバーは不服申し立てをするとともに、同種の文書を府、堺市、吹田市、高槻市の各教育委員会に求めた。いずれも全面公開だった。

92・9・10　朝刊　包囲作戦実る／非公開処分のカベ崩す／生徒の問題行動についての報告書

大阪市教委が、府教委を通じて文部省に出した「生徒の問題行動についての報告書」をいったん非公開処分にしながら、その後自ら「根拠が希薄だった」と処分を取り消し、公開していたことが9日わかった。府教委や堺、吹田、高槻の3市教委はすでに同種の報告書を公開しており、「周囲の自治体を開かせ、（相手を）孤立させる」という「知る権利ネットワーク関西」の包囲作戦に「落城」を余儀なくされた格好だ。

92・12・19　朝刊　政治資金収支報告書　コピー交付OK／大阪高裁逆転判決／政治監視へ道開く

訴えていたのは、「知る権利ネットワーク関西」のメンバーの野村孜子さん。大阪高裁仙田富士夫裁判長は「政治資金規正法はコピーを禁じておらず、国から大阪府に公にしてはならないという明らかな指示があったとはいえない」と判断し18日、府選管にコピーさせるよう命じる判決を言い渡した。政治資金収支報告書のコピーは自治省の指示で事実上禁じられており、コピーを認めた判決は初めて。

94・6・30　朝刊　安威川ダムの調査資料／大阪府に公開命じる／大阪高裁逆転判決

大阪府の計画する「安威川ダム」（茨木市北部）の建設に反対している住民が中川和雄知事を相手取り、ダムの地質調査結果などの資料の非公開処分の取り消しを求めた行政訴訟の控訴審判決が29日、大阪高裁であった。潮久郎裁判長は「調査資料は客観的、科学的な分析であり、公開によってダム建設に伴う調査研究などの遂行上、誤解が生じるとは考えられない」との判断を示し、一審判決を取り消し、府に資料の公開を命じた。住民側は「計画策定段階での住民参加を後押しする画期的な判決」と評価している。

【続報】95・4・27　夕刊　ダム建設調査資料　計画決定前でも公開／大阪府の上告棄却／「安威川訴訟」で最高裁判決／安易な非公開に歯止め

同　「時代は確実に変化」／府の情報公開　最高裁判決／関係者ら評価の声

95・2・24　夕刊　政治資金報告書　コピー認めず／最高裁判決／住民が逆転敗訴

大阪府堺市の主婦・野村孜子さんが府公文書公開等条例に基づき、政治資金収支報告書のコピーを求めた訴訟で、最高裁第二小法廷（大西勝也裁判長）は24日、コピーを認めた二審・大阪高裁判決を破棄し、請求を退ける判決を言い渡した。

96・6・1　朝刊　情報公開法案要綱に異論

行政改革委員会の行政情報公開部会は31日、情報公開法の制定に向けて4月にまとめた法案要綱について、「情報公開法を求める市民運動」「情報公開法制定推進会議」「知る権利ネットワーク関西」の3市民団体の意見を聞いた。

3団体のいずれも、官庁が非公開にできる情報の範囲の定め方に注文をつけ、(1)公務に際して記録された情報で氏名・役職が公開される公務員を「一定の範囲の者」と限定せずに一律公開とすべきだ(2)企業情報で「公にしないとの約束の下に任意に提供」された情報を非公開とすれば、行政による「約束」の乱用の危険がある——などと異論を唱えた。

98・7・1　朝刊　府情報公開条例 看板通りの運用を／市民から辛口注文相次ぐ

府情報公開推進会議の公文書公開条例改正等検討部会が30日、市民団体のメンバーらから、条例の使い勝手や改正への注文を聴いた。意見を述べたのは、「大阪・住民のための情報公開センター」「大阪精神医療人権センター」「市民オンブズマン」「見張り番」「知る権利ネットワーク関西」「子どものための民間教育委員会」の6団体。施行されて14年近くたつが、意見には府の応対の後退ぶりへの批判が目立った。

「知る権利ネットワーク関西」からは、「対象文書の範囲を広げれば、エイズ患者をみすみす増やした厚生省のようなことが防げる」「リースのコピー代は1枚4円というところもあるのに、なぜ20円も取り続けるのか」という注文が出された。

98・11・20　朝刊《ミニ時評》情報公開法案／「東京に来い」は不平等　中島昭夫

「お上にたてつくなら、江戸に出てこいという。そんな法律を許すわけにはいかない」。27日からの臨時国会の焦点の一つ、情報公開法案の修正を求める集会が先日、大阪であった。要求はただ一点。省庁が公開請求文書を非公開としたとき、その取り消しを求める訴訟を全国どこの裁判所でも起こせる規定を設けよというものだ。主催は「知る権利ネットワーク関西」などの4団体。

参加者らはこのまま法案が通ったら、「法の下の平等」に反すると違憲訴訟をただちに起こすことを満場一致で確認した。試算では、原告と代理人2人が一審で10回、二審で5回、東京の裁判所へ通った場合、新宿に住む都民なら交通費は1万7千百円ですむが、大阪市民だと133万9千2百円、那覇市民だと287万1千円もかかる。

98・12・3　朝刊　国の情報入手 困難さを体験／市民ら「霞が関ツアー」

市民らが国の文書を入手するのにいちいち上京しなければならない面倒さを体験する企画「霞が関ツアー」が2日、東京都内の省庁であった。情報公開法ができたらという想定の予行演習で、全国11府県から約40人が上京。主催したのは、「知る権利ネットワーク関西」や各地の市民オンブズマンなど。

退職幹部らの「天下り先」を調べるための請求には、どの省庁も課長職以上について氏名を伏せて退職時の就職先を公開したが、現在の勤務先は答えなかった。

99・1・29　朝刊　情報公開法案 自民が修正案提示へ／野党側に歩み寄り／不服提訴、地方でも

自民党は28日、政府案の修正内容を固めた。修正内容は、(1)決定を不満とする人が提訴できる裁判

所を、東京地裁だけではなく地方（広島など高等裁判所がある全国8か所の地方裁判所）にも広げる⑵手数料、コピー代については利用しやすくする　⑶全体的な見直し時期について「法施行から5年後」を「4年後」に前倒しする——などが主な内容。ただ「知る権利」については修正案には盛り込まない方針。

99・2・21　朝刊　役所に甘いぞ！情報公開法案／大阪で市民が寸劇 問題点訴え

衆院を通った情報公開法案に、使う側からなお注文を付ける「市民公聴会」が20日、大阪市で開かれ、市民ら約百人が集まった。額がはっきりしない手数料、限られた提訴先、役所に逃げ道のある例外規定……。昨年末の「霞が関ツアー」の体験を交え、寸劇で問題点を訴えた。

寸劇の後、知る権利の明記▽提訴先の拡大▽手数料をはっきりさせ、負担を軽くする▽非公開規定を見直す▽施行を早める、の5点にしぼって再修正を求めるアピールを採択した。主催は市民オンブズマン、「知る権利ネットワーク関西」など6団体。

99・5・8　読売・朝刊　情報公開法成立／「待ちに待った法律」／市民団体 大阪府庁で会見

情報公開法が衆院本会議で可決、成立した7日、「知る権利ネットワーク関西」のメンバーらが府庁で記者会見し、「不十分な点は残るものの、待ちに待った法律」と評価、「法律がきちっと機能するよう、さらに運動を盛り上げたい」と意気込んだ。会見には、関根幹雄弁護士、「安威川ダム反対市民の会」江菅洋一事務局長、市民オンブズマンの熊野実夫代表委員ら4人が出席した。

99・5・20　朝刊　情報公開法どうなるかな？／文書閲覧求め市民「ツアー」／手続きの対応ばらばら

情報公開法の成立を受け、地方にいて東京の本省の文書をすぐに入手できるかを確かめようと、「知る権利ネットワーク関西」のメンバーらが19日、大阪の出先官庁を回って文書の閲覧を求めた。「行政情報公開基準」に基づき文書を公開する国の仕組みを点検する試みだ。

近畿地建には閲覧申出書の用紙がなく、公取委事務所では、閲覧窓口の表示がなかった。一行が、情報公開法の「総合案内窓口」になるとみられる行政監察局に、「地方でも中央の文書を見ることができる政令にするよう本庁に求めてほしい」と要望したのに対して、同局は「伝える」と答えた。

99・12・22　朝刊　情報公開法政令骨子案／閲覧は無料に／高槻の市民団体　14項目意見書送る

高槻市の市民団体「暮らしの中から政治を変える女たちの会」（堀内雅代代表）は、情報公開法の施行令骨子案について「閲覧手数料は無料に、コピー代は1枚10円にすべきだ」「政令骨子案の説明会を関西で開催すべきだ」などとする14項目の意見書を総務庁同法施行準備室に送った。同準備室はパブリックコメント制度で骨子案への意見を20日まで募集し、「知る権利ネットワーク関西」も「公開・非公開を決定した責任者名を明示すべきだ」などの意見書を提出した。

2000・10・20　読売・朝刊　大阪府議会情報公開条例案／審査委員の構成見直しを／市民団体が申し入れ

府議会が20日に議員提案予定の議会情報公開条例案で、不服申し立てを審議する「情報公開審査委員会」のメンバーを府議だけにしているのは公正さを欠く恐れがあるとして、「知る権利ネットワーク関西」と「暮らしの中から政治を変える女たちの会」は19日、各会派に対し、条例案を見直すよう申し入れた。申し入れでは、審査委員会の委員を外部の人材で構成し、第三者機関とする▽対象文書は施行日以前も含める▽市民の意見を聞く機会を設ける、などを求めた。

01・4・2　夕刊　情報公開法で「知る権利」一斉請求／市民ら「ツアー」も

情報公開法は1日施行され、2日朝から中央省庁や地方の出先機関の窓口で請求の受け付けが始まった。大阪市中央区の近畿管区行政評価局の一角に設けられた総合案内所では、職員らがパソコンで検索する作業に追われた。

同評価局が用意した請求窓口の一覧表には、外務省と文部科学省が載っておらず、「知る権利ネットワーク関西」のメンバーから「外務省の機密費について請求ができない」との指摘があった。外務省情報公開室は「大阪分室は新法の施行令で請求窓口の対象になっていない。本省に直接、請求してもらうしかない」としている。

01・4・3　朝刊　市民団体相次ぎ請求／公文書開示で

情報公開法にもとづく公文書開示請求の受け付けが始まった2日、「知る権利ネットワーク関西」のメンバーは、大阪防衛施設局で「現金出納簿」などを、近畿厚生局で「水質基準の変更理由が分かる文書」などを公開するよう求めた。同団体の野村孜子事務局長は「できるだけ正確な文書名で請求する必要があるが、情報がどの文書に入っているか私たちには分からない。職員も積極的に探してくれず、情報公開への大きな壁になっていると感じた」と話す。

05・6・23　朝刊　「知る権利ネットワーク関西」が田尻賞に決まる

「田尻賞」の第14回受賞者に22日、「知る権利ネットワーク関西」（熊野実夫代表）が選ばれた。7月

10日に東京で表彰式がある。同団体は88年に発足して以降、大阪府が計画している安威川ダムなどの情報公開訴訟を闘い、行政の情報公開を推し進めたことが評価された。（田尻賞は、日本で初めて公害事件の刑事責任を追及した公務員（海上保安庁）で「公害Gメン」と呼ばれた田尻宗昭氏（1928～90）を記念した田尻宗昭記念基金から贈られる賞＝92年～2007年）

07・5・16　朝刊　政務調査費「領収書公開 義務化を」／堺市議会に市民要望／改正案 再提出の動きも

「知る権利ネットワーク関西」事務局長の野村孜子さんが15日、政務調査費について、使途が明確になるように条例改正を求める要望書を堺市議会に提出した。堺市議会は収支報告書につける領収書を公開していないため、使途の実態は不透明なままだ。

知る権利ネットワーク関西が2月、府議会と府内の43市町村議会の政調費を調べたところ、領収書を公開しているのは15議会。政調費がない1議会を除き、28議会が議員の「自己申告」に委ねていた。

11・8・5　朝刊　原発関連の資料 県に公開求める／関西の市民団体

福島第一原発の事故を受け、「知る権利ネットワーク関西」（江菅洋一事務局長）のメンバーが4日、福井県庁を訪れ、原発の安全対策や核燃料税制度などの資料を情報公開請求した。福島のような事故が起きれば関西も大きな影響を受けるとして、全国最多の15基の原発を抱える福井県の実情を知りたいとしている。

会が30年もたつと、大事な仕事をしてくださっていた方が何人も先立たれておられます。あらためてご冥福をお祈りいたします。

今後会をどうするかという課題については、長年スタッフを務めておられる方をはじめ、会員みなさんも齢をとってきています。若い新入会員もなかなか増えません。どうしていったらいいか、みんなで考えていきましょう。

【参考文献】
・中島昭夫『使い倒そう！　情報公開法』日本評論社、１９９９年６月
・中島昭夫『これでいいのか情報公開法』花伝社、２００５年９月

「知る権利ネットワーク関西」のメンバーらによる関連の著作

書名 著者・編者 出版社 発行日	内容
「該当なし」の報告書 ――堺市倫理条例・制定以後 野村孜子 いんてる社 1986年6月23日	汚職事件で有罪が確定した堺市議が居すわったことに怒った市民が直接請求して成立した政治倫理条例だったが、議員の資産報告書には「該当なし」が並んでいた。主婦野村孜子は、倫理調査会の審理を傍聴し、登記簿を調べたり、現地を視察したりしてそのウソを暴いた。
それいけ！　情報公開 ――暮らしが変わる 街が変わる 松永俊男、野村孜子編著 せせらぎ出版 1992年4月27日	自宅近くのゴルフ場建設問題から「情報公開」の重要性を認識した桃山学院大教授が、1991年度の「総合講座」に「知る権利ネットワーク関西」のメンバーを講師として招き、その内容をまとめた。情報公開の市民運動の担い手たちが、運動の発端から活動内容までを証言した。
情報公開 ――国と自治体の現場から 神野武美 花伝社 1996年7月1日	朝日新聞記者が1994年11月から5か月間、東京本社の調査研究室で「情報公開」をテーマに取材した成果をまとめた。情報公開法制定（2001年4月）以前の国の動きや市民の取り組み、消費者問題、労働問題、まちづくり等における「情報公開」の役割と意義を事実に基づいて解明した。
使い倒そう！情報公開法 ―― FOIA（米国情報自由法）もこうして使える 中島昭夫 日本評論社 1999年6月5日	日弁連の米国情報自由法調査団に参加した朝日新聞記者が、日米を比較して日本では公開されない情報が米国情報自由法を使って入手できる実態を明らかにした。知る権利ネットワーク関西の活動実績を基に、制定間近の情報公開法の運用上の問題点をシミュレーションしている。
これでいいのか情報公開法 ――霞が関に風穴は開いたか 中島昭夫 花伝社 2005年9月26日	朝日新聞「情報公開法活用プロジェクト」の事務局として、記者が取材活動として情報公開制度を積極的に使うことを支援し、施行後4年が経った情報公開法の問題点を明らかにした著作である。中島はその後の民主党政権の「行政透明化検討チーム」の一員として同法改正案作りに取りくんだ。
「知る権利」と憲法改正 知る権利ネットワーク関西編 花伝社 2007年7月12日	自民党は2005年、新憲法草案に「知る権利」を盛り込んだと発表。報道各社はそれを大々的に報じた。だが、よく見ると情報公開法にある「国民への説明責任」というの内容をなぞっただけ。「知る権利ネットワーク関西」は報道各社に質問状を送り、認識の甘さを追及した。この問題に関する奥平康弘・東大名誉教授（憲法）の講演も収録。

年月日	知る権利ネットワーク関西の動き	情報公開の動き
1984年10月1日		大阪府公文書公開等条例施行。安威川ダム反対市民の会江菅洋一、市民オンブズマンら12人45件公開請求
1984年12月10日	江菅洋一が、地元との「覚書」の非公開や地質調査資料の部分公開決定に対し不服申立て	
1985年3月12日	大阪府公文書公開審査会が「覚書」を公開としたが、地質調査資料の部分公開を支持する答申	
1985年6月22日	江菅洋一、大阪地裁に訴訟を提起。「情報公開に係る行政訴訟を支援する会」(熊野実夫、喜多幡龍次郎ら代表世話人)発足	
1885年7月22日	支援する会、「だしなはれみんなの情報!」第1号発行	
1988年7月2日	どこまで進んだ情報公開!大阪の公開条例を点検する市民集会。取り戻せ!国鉄環状線の会ら4団体が呼びかけ	
1988年9月10日	知る権利ネットワーク関西結成集会	
1988年9月17日	大阪府に情報公開請求体験ツアー(情報公開ツアーの始まり)	
1988年10月1日	大阪市に情報公開請求体験ツアー(市公文書館)	
1989年3月14日	大阪府知事交際費公開訴訟、大阪地裁で勝訴	
1989年6月16日	野村孜子、大阪府への情報公開体験ツアーで政治資金収支報告書コピー請求。府選管、自治省の「明示の指示」理由に認めず	
1989年11月18日	大阪府公文書公開審査会、野村孜子の政治資金収支報告書のコピー請求を認めず	
1990年1月30日	野村孜子、政治資金収支報告書のコピーを求め大阪地裁に提訴	
1990年4月7日	自治省に政治資金収支報告書の閲覧ツアー	
1990年10月31日	大阪府知事交際費公開訴訟、大阪高裁でも勝訴	
1991年4月13日	知る権利ネットワーク関西のメンバー9人が、桃山学院大学で総合講座「情報公開と環境問題」の講師に(92年1月8日まで22回)	
1991年12月11日		各省庁からなる「情報問題に関する連絡会議」で「行政情報公開基準」を申合せ。12月28日に92年度行革大綱が「的確な運用と公開範囲の拡大」を閣議決定

年月日	知る権利ネットワーク関西の動き	情報公開の動き
1991年12月25日	政治資金収支報告書コピー裁判、大阪地裁で敗訴	
1992年4月4日	国の出先機関に対する情報公開体験ツアー（谷町筋ツアー）	
1992年4月27日	知る権利ネットワーク関西『それいけ！情報公開』刊行	
1992年6月25日	安威川ダム情報公開訴訟、大阪地裁で敗訴	
1992年10月22日	自治省に政治資金収支報告書閲覧ツアー（佐川急便金丸信5億円献金事件関連団体分を書き写す）	
1992年12月18日	政治資金収支報告書コピー裁判、大阪高裁で勝訴	
1993年6月14日	国会議員資産公開閲覧ツアー（公開初日、コピー不可）	
1994年1月27日	大阪府知事交際費公開訴訟、最高裁が高裁へ破棄差戻し	
1994年6月29日	安威川ダム情報公開訴訟、大阪高裁で逆転勝訴	
1995年2月24日	政治資金収支報告書コピー裁判、最高裁、原判決を破棄し請求棄却	
1995年3月17日		行政改革委員会行政情報公開部会設置
1995年4月27日	安威川ダム情報公開訴訟、最高裁でも勝訴確定	
1995年9月20日	国の機関の情報公開チェックツアー（2回目の谷町筋ツアー）	
1995年10月17日	行政情報公開部会への意見書提出	
1996年4月21日		行政情報公開部会、情報公開法要綱案（中間報告）を発表
1996年5月22日	情報公開法要綱案（中間報告）への意見書を提出	
1996年6月25日	大阪府知事交際費公開訴訟、高裁差戻審で敗訴	
1996年7月18日		行政改革委員会行政情報公開部会、大阪でヒヤリング。知る権利ネットワーク関西から4人が意見を述べた
1996年10月1日		都道府県では最後の奈良県が情報公開条例を施行
1996年12月16日		国の行革委員会、情報公開法要綱案発表
1997年11月15日	市民のための情報公開法を作る大阪集会	
1998年2月25日	奈良情報公開をすすめる会、奈良県のコピー代内訳開示を求める訴訟で勝訴（奈良地裁）	
1998年4月18日	守口・情報公開を学ぶ会発足	
1998年12月2日	霞が関情報公開請求ツアー（厚生省、通産省など8省庁へ、全国の市民オンブズマンなど5団体主催）	

年月日	知る権利ネットワーク関西の動き	情報公開の動き
１９９９年５月19日	３回目谷町筋ツアー（近畿地方建設局、大阪防衛施設局などへ）	
１９９９年５月14日		行政機関の保有する情報の公開に関する法律公布
２０００年４月１日		地方自治法改正（地方分権一括法、機関委任事務廃止など）
２０００年８月18日	大阪府選挙管理委員会、政治資金収支報告書のコピーを交付	
２００１年３月29日		最高裁「裁判所の保有する司法行政文書の開示に関する事務取扱要領」を定め、各裁判所長あてに依命通達（９月14日付で実施細目の依命通達）
２００１年４月１日		行政機関の保有する情報の公開に関する法律施行
２００１年４月２日	谷町筋情報公開体験ツアー（近畿管区行政評価局総合案内所などを訪れ、情報公開法施行翌日の状況を検証）	
２００１年４月13日	情報公開法の運用についての要望書を総務大臣あてに提出	
２００１年７月17日	奈良情報公開をすすめる会、奈良財務事務所の不開示決定に審査請求し、大阪の近畿財務局で意見陳述（請求人田畑和博、補佐人熊野実夫、野村孜子ら）	
２００１年７月21日	アスベスト関連がんの労災認定件数が10年間（１９８９～99年度）で２倍に（同日付、毎日新聞報道）	
２００２年６月７日	防衛庁の情報公開請求者リスト作成に対する抗議及び要求書を防衛庁長官、総理大臣、総務大臣あてに提出	
２００２年10月１日		独立行政法人等情報公開法施行
２００２年10月12～15日	情報公開ツアーｉｎソウル	
２００２年11月22日	熊野実夫（株主オンブズマン会員として）の「障害者雇用状況報告書」の開示請求に対し国の情報公開審査会が企業名等開示の答申（実施は２００４年２月23日朝日記事、大阪府内５６７５社の企業名開示）	
２００３年３月11日	国の出先機関の情報公開チェック実施。報告は知る権利ネットワークＮＥＷＳ同年６月号	
２００３年４月14日	国会で審議中の個人情報保護法案に関する見解（教育情報の開示を求める市民の会と連名で）	
２００３年８月19日	情報公開法改正についての意見書（７月に関係者に送ったアンケート回答の第１回。２００４年７月号まで計９回の回答あり）	

年月日	知る権利ネットワーク関西の動き	情報公開の動き
２００４年６月24日	総務省副大臣主催の「情報公開法の制度運用に関する検討会」のパブリックコメント募集に、「情報公開法改正についての意見を」を提出	
２００５年４月１日		個人情報保護法全面施行
２００５年７月10日	第14回田尻宗昭賞を受賞（授賞式に野村孜子事務局長出席）	
２００５年11月11日	自民党が発表した憲法改正案に「知る権利」が盛り込まれた（実際は「国民に説明する責務」のみ）とするマスコミ各社の報道に対し質問書を送る。報道した朝日、読売、共同通信３社から回答）（『「知る権利」と憲法改正』（２００７年、花伝社）参照）	
２００６年３月７日	大阪府情報公開推進会議会長や府知事あてに、情報公開におけるカラーコピー代やフロッピディスク、CD-R代の引き下げを求める「要望書」、教育委員長には「教育委員会議事録の全文記録の作成と公開を要望（10月１日からカラーコピー代30円に、CD-R等も引き下げ）	
２００６年４月30日	読売新聞が「大阪市の交際費の支出先を公開して支払総額が95％減」と報道	
２００６年９月２～３日	情報公開判例研究会の合宿を奈良県上北山村で行う	
２００６年11月11日	知る権利ネットワーク関西総会で奥平康弘東大名誉教授が「憲法改正と知る権利」の題で講演	
２００７年４月５日	熊野実夫代表死去	
２００８年３月６日	住民基本台帳ネットワークシステムによるプライバシー侵害を違憲という訴えに最高裁は合憲とする不当判決	
２００８年10月７日	大阪地裁・高裁に情報公開請求ツアー（裁判所の公開度検証）	
２００９年７月１日		公文書の管理に関する法律公布
２０１０年４月20日		枝野行政刷新大臣による第１回「行政透明化検討チーム」会合。中島昭夫、三宅弘弁護士、三木由希子情報公開クリアリングハウス事務局長らが」メンバーに
２０１０年４月21日～５月14日		情報公開法の改正の方向性を示したパブリックコメント実施
２０１０年８月24日		行政透明化検討チーム、情報公開制度の抜本的見直し案を発表

年月日	知る権利ネットワーク関西の動き	情報公開の動き
2011年3月31日		大阪府情報公開推進会議廃止（府の情報公開制度の運営を見守る役割だった。秘密裏に廃止）
2011年4月1日		公文書の管理に関する法律施行
2011年8月4日	情報公開請求ツアーin福井（福島第1原発事故後の検証、12年3月29日にツアー第2ラウンド実施）	
2012年10月3日	橋本杉子、環境省の震災がれき受入れ自治体不開示に対し公開訴訟を大阪地裁に提訴	
2012年10月18日	大阪地裁、堺市議の政務調査費からの事務所家賃支払いは違法192万円の返還を命じる判決（原告野村孜子、13年3月22日の高裁も棄却し完全勝訴）	
2013年2月18日	奈良情報公開をすすめる会、奈良市議会議員政務調査費の人件費個人名の公開を求めて奈良地裁に提訴（地裁、高裁、最高裁で敗訴）	
2013年3月27日	大阪府知事交際費公開訴訟、差戻審、最高裁で敗訴確定	
2013年6月19日	有田具弘、労働者派遣事業所が大阪労働局に送った是正報告書や事業所名などの開示を求め、大阪地裁に提訴	
2014年2月27日	大阪労働局、労働者派遣事業所の是正報告書の非開示処分を取り消し、新処分を行う。開示範囲ほとんど広がらず	
2014年7月1日	情報公開条例改正記念情報公開請求ツアー（守口市改正施行初日に）	
2014年12月11日	震災がれき受入れ自治体公開訴訟、大阪地裁で勝訴確定	
2015年8月7日	国の情報公開審査会、労働者派遣事業所の是正報告書の開示範囲を大幅に拡大する答申。ただし事業所名は不開示のまま	
2016年1月26日	奈良地裁、奈良県議会政務活動費人件費支出先公開訴訟で原告奈良情報公開をすすめる会の請求を棄却。県議が委員になっている県議会情報公開審査会の違憲性を認めず	
2017年9月21日	労働者派遣事業所是正報告書等公開訴訟、大阪地裁で敗訴	
2017年9月22日	情報公開請求ツアーin高槻（請求権者を「何人も」にしていない自治体の実態を調査検証）	
2018年2月14日	情報公開請求ツアーin吹田（吹田市が情報公開条例を改正し、部分公開情報の「大量請求」に課金するなどの後退姿勢を検証）	
2018年4月24日	労働者派遣事業所是正報告書等公開訴訟、大阪高裁で敗訴、現在上告中	

執筆担当一覧

神野武美　はじめに（p.5-8）、第１章第２節（p.51-62）、第７章第１節～第３節、（p.171-186, p.188-200）元朝日新聞記者

熊野実夫　序章第１節（p.9-13）、第８章第１節（p.204-205）元「知る権利ネットワーク関西」代表

岡本隆吉　序章第２節（p.13-20）、第５章第１節（p.138-148）初代事務局長

三木由希子　序章第３節（p.20-22）　情報公開クリアリングハウス理事長

小林直樹　序章第４節（p.22-24）姫路獨協大学人間社会学群准教授

野村孜子　第１章第１節（p.25-50）　コピー裁判元原告・元「知る権利ネットワーク関西」事務局長

江菅洋一　第２章（p.63-82）安威川ダム反対市民の会代表・「知る権利ネットワーク関西」事務局長

橋本杉子　第３章（p.83-107）守口・情報公開を学ぶ会代表

中山佑子　第３章投稿（p.108-109）南河内市民オンブズマン

有田具弘　第４章第１節（p.110-126）「知る権利ネットワーク関西」事務局

大川一夫　第４章投稿①（p.127-128）弁護士

坂本　団　第４章投稿②（p.128-129）弁護士

荒木晋之介　第４章投稿③（p.129-137）中津コーポ弁護団

藤井俊介　第５章第２節（p.149-151）「知る権利ネットワーク関西」会員

浅野詠子　第５章第３節（p.151-153）フリージャーナリスト

山口明子　第６章第１節（p.154-160）「教育情報の開示を求める市民の会」代表

平松　毅　第６章第２節（p.160-168）関西学院大学元教授

奥津茂樹　第７章投稿（p.169-170）元「情報公開法を求める市民運動」事務局長

二木洋子　第７章投稿（p.186-188）元高槻市議

田畑和博　第７章投稿（p.201-203）奈良情報公開をすすめる会事務局長

犬伏　巍　第８章第２節（p.206-210）守口・情報公開を学ぶ会初代代表

中田作成　第８章第３節（p.210-214）新しい神戸をつくる市民の会顧問

水田　謙　第８章第４節１（p.214-216）とりもどせ国鉄！大阪環状線の会

松永俊男　第８章第４節２（p.216-218）桃山学院大学名誉教授

船谷　勝　第８章第４節３（p.218-219）大阪市在住

馬谷憲親　第８章第５節１(p.219-224)自治労大阪府職総務支部・ODA改革ネットワーク関西

末田一秀　第８章第５節２（p.225-226）元自治労大阪府職総務支部

中島昭夫　終章（p.227-244）元朝日新聞記者

知る権利ネットワーク関西

1988 年 9 月に医療、教育、政治倫理、旧国鉄用地の売却、労働問題などに取り組む市民運動グループ、情報公開制度の研究者、ジャーナリストらが参加して発足。以来、毎月のように情報交換のための運営委員会を開き、会報『知る権利ネットワーク NEWS』を発行している。メンバーが提起し最高裁まで争った情報公開行政訴訟は「大阪府知事交際費」「安威川ダム地質調査報告書」「政治資金収支報告書のコピー」などがあり、国や自治体の情報公開審査会への不服申立てなどを通じて、情報公開制度の歴史に大きな足跡を残している。

その活動は「情報公開請求ツアー」に象徴される。市民が集団で自治体や国に対し一斉に公開請求を行い、情報公開制度の利用促進を市民へアピールするとともに、行政機関等に対し制度の改善要望を行い、公務員の意識改革を促すことを目的にしている。1988 年 9 月 17 日の大阪府から 2018 年 2 月の大阪府吹田市まで約 70 回を数える。情報公開法制定前でも、「行政情報公開基準」などを糸口に、中央官庁に「霞が関ツアー」、在大阪の国の出先機関に「谷町筋ツアー」、裁判所に「裁判所ツアー」を実施してきた。

情報公開讃歌——知る権利ネットワーク関西30年史

2018年12月10日　初版第1刷発行

編者 ——— 知る権利ネットワーク関西
発行者 —— 平田　勝
発行 ——— 花伝社
発売 ——— 共栄書房
〒101-0065　東京都千代田区西神田2-5-11出版輸送ビル2F
電話　03-3263-3813
FAX　03-3239-8272
E-mail　info@kadensha.net
URL　http://www.kadensha.net
振替 ——— 00140-6-59661
装幀 ——— 黒瀬章夫（ナカグログラフ）
印刷・製本— 中央精版印刷株式会社

ISBN978-4-7634-0870-9 C0036